Sigrid Nesterenko

Die richtige Ernährung bei Polyneuropathie

170 leckere Koch- und Backrezepte für jeden Anlass

Rainer Bloch Verlag

Rainer Bloch Verlag
Draisstraße 42
69502 Hemsbach

Die richtige Ernährung bei Polyneuropathie
170 leckere Koch- und Backrezepte für jeden Anlass
Sigrid Nesterenko
ISBN 978-3-942179-26-3
Rainer Bloch Verlag
1. Auflage 2014

Druck: SOL Service GmbH, Westendstr. 5, 86529 Schrobenhausen

SPRACHREGELUNG:
Zur Vereinfachung beim Schreiben und Lesen wird immer die männliche Form verwendet: der Patient, der Arzt usw. Dieser Artikel dient als allgemeiner Gattungsbegriff und schließt weibliche Personen automatisch mit ein.

Inhaltsverzeichnis

Vorwort

Es gibt keinen Zweifel daran, dass eine gesunde Ernährungsweise die Grund-lage für die Gesundheit eines jeden Menschen bildet. Und was für gesunde Menschen gilt, bekommt bei kranken Menschen eine noch viel größere Wichtigkeit.

Bildlich betrachtet funktioniert ein menschlicher Körper nicht wesentlich anders als ein Auto. Dieses kann nur so gut fahren und ein Optimum an Leistung erbringen, wie es die „richtige" Nahrung erhält. Nicht anders verhält es sich mit dem menschlichen Organismus, denn auch er kann nur dann optimal funktionieren und Höchstleistungen erbringen, wenn er mit dem passenden „Sprit" versorgt wird. Geschieht dies nicht, gerät der Körper genauso wie ein Auto ins Stottern.

Im Gegensatz zum Auto, das schnell bockt und aufmüpfig reagiert, wenn es unpassenden Sprit bekommt, sind wir mit unserem menschlichen Organismus sogar in der glücklichen Lage, dass dieser so manche Ernährungssünde verzeiht und nicht sofort den kompletten Betrieb einstellt. Erfolgen die falschen „Fütterungen" beim Menschen nur gelegentlich, erträgt der Körper dies zunächst ganz stillschweigend, ohne sich mit irgendwelchen Beschwerden oder Aussetzern zur Wehr zu setzen. Wird eine unzureichende Ernährungsweise jedoch zum Dauerzustand, dann ist es meist nur eine Frage der Zeit, bis es zu einem großen gesundheitlichen Fiasko kommt.

Spätestens in diesem Moment ist es wichtig, den Organismus endlich mit den für ihn passenden Lebensmitteln und Nährstoffen zu versorgen wie insbesondere mit Vitaminen, Mineralien, Spurenelementen und weiteren Substanzen, die für eine stabile Gesundheit und erst recht für einen Genesungsprozess unverzichtbar sind. Im Prinzip gilt dies für alle Krankheiten, aber für die Polyneuropathie im ganz Speziellen. Denn bestimmte Nährstoffe leisten einen unschätzbaren Beitrag zur Gesundheit der Nerven.

Aber welche sind das, und wie sollte eine Ernährungsweise aussehen, die die Nervengesundheit zuträglich ist?

Um seinen Speiseplan entsprechend zu gestalten, ist es unerlässlich, sich eingehender mit seiner eigenen Ernährungsweise und den Inhaltsstoffen bestimmter Lebensmittel auseinanderzusetzen. Kaum jemand, der gerade die Diagnose Polyneuropathie erhalten hat, wird sich im Vorfeld bereits so umfassend mit Ernährungsthemen auseinandergesetzt haben, dass er ad hoc einen Ernährungsplan erstellen kann, mit dem sich der Krankheitsverlauf günstig beeinflussen lässt. Denn wer weiß schon auf Anhieb, welche Lebensmittel nervenunterstützende Nährstoffe enthalten?
Oder welche Nahrungsmittel sind zu vermeiden, damit das Krankheitsgeschehen nicht unnötig angeheizt wird?

Allein schon diese Aspekte lassen erahnen, wie umfangreich, aber zugleich auch spannend sich der Bereich der Ernährung darstellt und wie bedeutsam dieses Thema für Polyneuropathie-Patienten wirklich ist. Sie zeigen jedoch ebenfalls, dass es in dieser Situation schnell zu einer Überforderung kommen kann und am Ende womöglich mehr Fragen als Antworten im Raum stehen. Einige Patienten fühlen schnell eine unüberwindbare Hürde auf sich zukommen und lassen vor lauter Angst vor Neuem lieber alles direkt beim Alten.

Auf den ersten Blick erscheint eine Ernährungsumstellung tatsächlich wie eine große undurchsichtige Nebelwand. Nicht einfacher gestaltet sich die Situation schließlich dadurch, dass einen die Polyneuropathie in der Regel im fortgeschrittenen Alter begegnet und somit schon sehr festgetretene ernährungstechnische Pfade bestehen, die es womöglich zu verlassen gilt. Das ist nachvollziehbar, denn wer legt schon gerne alte liebgewonnene Gewohnheiten ab, noch dazu, wenn sie die tägliche Ernährung und ein Stück Lebensqualität betreffen?

Doch auf den zweiten Blick vermag man so manch eine Änderung dann gar nicht mehr als Bedrohung zu empfinden. Denn die Ernährungsweise, mit der man die Gesundheit der Nerven positiv beeinflussen kann, bedeutet ja nicht zwangsläufig einen vollständigen Verzicht auf sämtliche Leckereien. Dies sind jetzt nur ein paar andere, und hier ist das „Gewusst-wie" von großer Bedeutung, denn auch ein Leben ohne den herkömmlichen Zucker kann recht süß und lecker sein.

Wie eine gesunde und trotzdem leckere Ernährung bei der Polyneuropathie aussehen kann, zeigt das Kochbuch auf sehr einfache und anschauliche Weise. Und egal, zu welchem Anlass Sie ein Gericht herrichten möchten – in diesem

Buch werden Sie etwas Passendes finden. Ob Sie ein leckeres Fischgericht wünschen, einen Snack für zwischendurch oder unterwegs, oder ob Sie einfach mehr Abwechslung in Ihren Speiseplan bringen möchten – das Angebot in diesem Buch mit 170 Rezepten ist so vielseitig, dass Sie für jede Gelegenheit etwas finden können, das nicht nur Ihnen selbst gut schmeckt, sondern auch Ihren Nerven. Denn die Rezepte enthalten viele natürliche Zutaten, die über nervenunterstützende Substanzen verfügen, indem sie insbesondere einen hohen Gehalt an Antioxidantien und B-Vitaminen aufweisen.

Auf Ihrem Weg zu mehr Gesundheit und Wohlbefinden wünsche ich Ihnen nun gutes Gelingen und viel Erfolg!

Sigrid Nesterenko

Warum hat die Ernährung einen großen Einfluss auf die Polyneuropathie?

Eine Polyneuropathie kann durch unterschiedliche Faktoren ausgelöst werden, doch egal, welcher Auslöser zugrundeliegt - eine gesunde Ernährungsweise mit einer umfassenden Versorgung mit Nährstoffen ist für alle Personen mit einer Polyneuropathie von immenser Bedeutung. Denn nicht nur das gesundheitliche Wohlbefinden und das Krankheitsgeschehen werden beeinflusst, sondern auch das neuropathische Schmerzempfinden.

Wenn die Polyneuropathie durch Diabetes ausgelöst wurde, kommt der Ernährung sogar eine noch wichtigere Bedeutung zu. Bei den meisten an Diabetes erkrankten Personen entsteht die Polyneuropathie als Folgeerkrankung des entgleisten Blutzuckerspiegels, und dieser wird durch nichts anderes als die Ernährungsweise direkt beeinflusst.

Somit lernt jeder Diabetiker bereits zu Beginn seiner Erkrankung, dass das vorrangigste Therapieziel darin besteht, einen erhöhten Blutzuckerspiegel zu vermeiden. Dieser ist bekannt dafür, dass er unterschiedliche negative Auswirkungen auf die Gesundheit mit sich bringt. Eine dieser negativen Folgen betrifft auch die Nerven, indem sich der zu hohe Blutzucker schädigend auf die Nerven auswirkt.

Die Konsequenz muss bei Diabetikern also zwangsläufig lauten, durch eine gezielte Ernährungsweise den Blutzucker entsprechend günstig zu beeinflussen. Dies erreicht man insbesondere dadurch, dass man überwiegend Lebensmittel mit einem niedrigen glykämischen Index verzehrt.

Verzichten sollte man hingegen auf schnell verdauliche Kohlenhydrate, weil diese zu einem plötzlich ansteigenden Blutzuckerspiegel führen und darüber hinaus kaum Nährstoffe enthalten. Insbesondere sind hier zucker- und weiß-mehlhaltige Lebensmittel wie Süßigkeiten aller Art zu nennen. Erfolgt dieser Verzicht nicht, ist man quasi selbst direkt daran beteiligt, dass sich die gesundheitliche Situation noch weiter verschlechtert. Im Umkehrschluss bedeutet dies aber auch, dass man gerade mit der Ernährungsweise selbst eine sehr effektive Möglichkeit zur Verfügung hat, sein gesundheitliches Schicksal selbst in die Hand zu nehmen.

Darüber hinaus gelten für Diabetiker auch die Ernährungsempfehlungen, die für andere Personen mit Polyneuropathie angeraten werden und insbesondere Lebensmittel beinhalten, die nervenunterstützende Nährstoffe aufweisen. Vorrangig geht es hier um die Vitamine B1, B2, B3, B5, B6 und B12, weil diese auf mehrfache Weise einen günstigen Einfluss auf die Nerven haben. Ausführliche Informationen lesen Sie im nachfolgenden Kapitel „B-Vitamine – unverzichtbar für die Nerven".

Darüber hinaus werden für die Gesundheit der Nerven diverse Aminosäuren benötigt. Diese sind für die Produktion von Nervenbotenstoffen unverzichtbar und insbesondere in eiweißhaltigen Lebensmitteln enthalten wie in Eiern, Milchprodukten und Fisch.

Eine Polyneuropathie geht häufig mit einem Antioxidantien-Mangel in den Nervenzellen einher. Dies hat zur Folge, dass freie Radikale in großem Umfang vorhanden sind und diese zu einer Schädigung der Blutgefäße führen, die für die Nervenversorgung benötigt werden, sodass infolgedessen die Nervenschädigung weiter fortschreitet und die Polyneuropathie somit einen noch ungünstigeren Verlauf nimmt.

Um diesem Prozess entgegenzuwirken und die nervenschädigenden freien Radikale abzupuffern, werden entsprechende „Gegenspieler" in Form von Antioxidantieren benötigt. Damit der Körper mit möglichst vielen Antioxidantien versorgt wird, sind die Einnahme diverser Nahrungsergänzungsmittel sowie eine entsprechende Ernährungsweise empfehlenswert.

Viele dieser Antioxidantien sind in Form von Vitaminen A, C und E in Obst und Gemüse enthalten, aber auch in bestimmten Pflanzenölen. Hier kommt der Frische eine besondere Bedeutung zu, denn je länger die Erntezeit zurückliegt, umso mehr nimmt der Gehalt dieser hochwertigen Nährstoffe ab. Besonders die Schale von einigen Obst- und Gemüsesorten enthalten große Mengen Antioxidantien, insofern sollte man sie nach Möglichkeit ungeschält essen.
Als Toplieferanten mit einem besonders hohen Gehalt an Antioxidantien sind tropische Früchte wie etwa Papaya, Ananas, Mangos und Gojibeeren bekannt. Aus den heimischen Gefilden gehören insbesondere rotfarbige Beerensorten zu

den Topkandidaten wie Himbeeren, rote Trauben, Heidelbeeren und Brombeeren sowie frische Kräuter.

Beeindruckende Mengen an Antioxidantien enthält auch das in diesem Kochbuch sehr häufig verwendete Curcuma. Dessen antioxidative Wirkung wird mit ungefähr 150 Mal stärker angegeben als die von Vitamin E. Und auch das Vitamin C übertrifft es um Längen, denn Curcuma ist immerhin noch 60 Mal stärker.

Als Spitzenreiter der Antioxidantien-Lieferanten gilt derzeit der Moringabaum. Das aus ihm gewonnene Moringapulver bereichert viele Rezepte in diesem Buch. Ausführliche Informationen über Moringa lesen Sie in dem Kapitel „Lebensmittel-ABC der besonders gesunden Lebensmittel".

Schließlich beinhaltet eine Ernährungsweise, mit der sich das Krankheitsgeschehen der Polyneuropathie positiv beeinflussen lässt, auch die Mineralien wie Magnesium und Kalzium. Während Kalzium für eine verbesserte Nervenimpulsübertragung sorgt, schafft Magnesium eine Stabilisierung der Zellmembranen. Kalzium ist besonders reichhaltig in Milchprodukten, Sesamkörnern und Mandeln enthalten, Magnesium ist unter anderem in Nüssen, Vollkornprodukten und Bananen vorhanden.

Zusammenfassend lässt sich sagen, dass die Grundlage der Polyneuropathie-Ernährung daraus bestehen sollte, möglichst viel frisches Obst und Gemüse, Nüsse, Mandeln, Sesamkörner sowie fettarme Fisch- und Fleischsorten, Eier und Milchprodukte zu verzehren.

B-Vitamine – unverzichtbar für die Nerven

Wenn es um die Gesundheit der Nerven geht, dann nehmen die B-Vitamine eine ganz besonders wichtige Stellung ein und sollten somit auch bei der Behandlung der Polyneuropathie an vorderster Front stehen. Allein schon die Tatsache, dass die B-Vitamine auch als „Nervenvitamine" bezeichnet werden, zeugt von ihrer Wichtigkeit in Zusammenhang mit Erkrankungen der Nerven und somit auch der Polyneuropathie.

Es klingt fast grotesk, aber gerade bei Personen mit Erkrankungen der Nerven ist allzu oft ein Mangel an B-Vitaminen festzustellen – ausgerechnet den Vitaminen, die so unverzichtbar für die Nervengesundheit sind.

Ein Mangel an B-Vitaminen kann bekanntermaßen zu Entzündungen des peripheren Nervensystems und einer fehlerhaften Ausbildung der Myelinscheiden führen.

Da der Körper B-Vitamine nicht speichern kann, ist es unabdingbar, dass man ihm über die Ernährung, und gegebenenfalls auch durch Nahrungsergänzungsmittel, regelmäßig damit versorgt.

Forscher haben seinerzeit entsprechend der chronologischen Reihenfolge ihrer Entdeckung die jeweiligen B-Vitamine benannt. Weil Vitamin B1 damals das erste Mitglied der Vitamin-B-Familie war, welches die Forscher isolieren konnten, erhielt es den Namen „Vitamin B1". In der zeitlichen Abfolge wurden den weiteren B-Vitaminen die nachfolgenden Zahlen zugefügt.

In Bezug auf den Einfluss der B-Vitamine auf die Nerven belegen inzwischen zahlreiche Studien deren Wirksamkeit. So weiß man nicht nur, dass eine Degeneration der Markscheide positiv beeinflusst werden kann, sondern auch sichtbare Symptomverbesserungen wie etwa das Gangbild und das Fortschreiten von nervenbedingten Krankheiten sind bekannt.

Für die Gesundheit der Nerven gelten insbesondere die Vitamine B1, B6 und B12 als unverzichtbar. Als Monopräparate werden diese Vitamine jedoch nur selten eingenommen, sondern in Form von Kombinationspräparaten, die mehrere Mitglieder der Vitamin B-Familie enthalten.

Besonders ein Mangel der Vitamine B1, B6 und B12 kann zur Entstehung einer Polyneuropathie beitragen. Eines der wichtigsten Vitamine bei der Polyneuropathie-Behandlung ist das B1. Es ist bekannt dafür, dass es zur Regeneration der bereits geschädigten Nerven und zur Schmerzlinderung beitragen kann.

Ein Vitamin B6-Mangel kann nervöse Störungen und Reizbarkeit mit sich bringen, auch eine so genannte distal sensomotorische Polyneuropathie wird in diesem Zusammenhang diskutiert.

Vitamin B12 ist am Aufbau des gesamten Nervensystems beteiligt, sodass ein Defizit vielschichtige Symptome auslösen kann.

Vitamin B1

Vitamin B1 ist auch als Thiamin bekannt und wird als besonders wichtig für die Nerven gewertet. Wenn von einem Nervenvitamin gesprochen wird, ist sehr häufig das Vitamin B1 gemeint.

Es sorgt für eine optimale Kommunikation der Nerven miteinander und ist sogar in der Lage, Nervenschäden und Nervenschmerzen, wie sie im Rahmen von Neuropathien und Trigeminusneuralgien auftreten, spürbar zu lindern. Außerdem bietet es einen Schutz für die Nervenenden vor Schäden durch freie Radikale und Schadstoffe.

Einige Personengruppen sind besonders gefährdet, einen Vitamin-B1-Mangel zu entwickeln. Dies betrifft Personen mit einem erhöhten Alkoholkonsum und Dialysepatienten, aber auch bei einer Schilddrüsenüberfunktion, übermäßigem Kaffeekonsum und einer unzureichenden Ernährungsweise kann ein Mangel entstehen.
Vitamin B1 ist besonders reichhaltig in Vollkornprodukten, Fenchel, Zucchini, Eiern, braunem Reis, Spargel, Kartoffeln, Orangen, Hülsenfrüchten, Erd-nüssen, Hähnchen, Innereien, magerem Schweinefleisch und Fisch enthalten.

Da Vitamin B1 hitzeempfindlich und wasserlöslich ist, kommt es beim Kochen und Waschen zu einem Vitamin B-Verlust.

Vitamin B2

Vitamin B2 hat eine ähnliche Wirksamkeit wie Vitamin B1.

Es ist besonders reichhaltig in Vollkornprodukten, Pilzen, Leber, Kartoffeln, Eiern, Fisch und Spinat enthalten. Weil das Vitamin B2 sehr lichtempfindlich reagiert, sollten die Lebensmittel möglichst lichtgeschützt gelagert werden.

Vitamin B3

Die Bedeutung von Vitamin B3 für die Nerven wurde vor einigen Jahren bereits von der Harvard Medical School bekannt gegeben. Forscher hatten dort herausgefunden, dass Niacinamid, so wird Vitamin B3 auch bezeichnet, in der Lage ist, eine Degeneration der Isolationsschichten der Axone (Fortsatz der Nervenzelle) zu verhindern.

Diabetiker mit Polyneuropathie können von Vitamin B3 in zweifacher Hinsicht profitieren. Denn dieses wertvolle Vitamin ist auch an der Regulation des Blutzuckerspiegels beteiligt und greift bei einem zu hohen Blutzuckerwert kontrollierend ein. Dies wird darauf zurückgeführt, dass das Vitamin B3 zusammen mit Chrom den sogenannten Glukosetoleranz-Faktor, auch bekannt als GTF, bildet.

Vitamin B3 ist in Vollkornprodukten, Walnüssen, Erdnüssen, Fisch, Hülsenfrüchten und Leber enthalten.

Vitamin B5

Dieses auch als Pantothensäure bekannte Vitamin ist an diversen Stoffwechselprozessen beteiligt und ist somit ein Multitalent. Unter anderem soll es in der Lage sein, Degenerationen des Nervensystems zu reduzieren.

Vitamin B5 kommt in Vollkorngetreide, Eigelb, Innereien, Milchprodukten, Nüssen, Getreidekeimlingen, Fisch sowie Obst und Gemüse vor, sodass es kaum Lebensmittel gibt, die dieses wertvolle Vitamin nicht enthalten.

Vitamin B6

Als eines der Schlüsselvitamine für die Nervengesundheit gilt das Vitamin B6. Ein Mangel kann sich auf vielfältige Weise bemerkbar machen, allen voran sind dies Symptome wie Müdigkeit, Blutarmut, nervöse Störungen und Reizbarkeit. Es ist bekannt, dass ein länger andauernder B6-Mangel zu einer Polyneuropathie führen kann.

Ein Mangel entsteht einerseits durch eine unausgewogene Ernährungsweise, aber auch sogenannte Vitamin-B6-Räuber können dazu führen. Hierzu gehören ein übermäßiger Konsum von Alkohol, Zucker, Kaffee und Nikotin, sowie bestimmte Medikamente wie Antidepressiva, Antirheumatika und Glukokortiokoide.

Unabhängig davon kann sich ein Vitamin B6-Mangel bei Personen entwickeln, die von der erblich bedingten Stoffwechselstörung Pyrrolurie betroffen sind. Diese führt zu einem chronischen Mangel an Vitamin B6 und Zink, der nicht über die Ernährung kompensiert werden kann, sondern eine lebenslange Einnahme entsprechender Nahrungsergänzungsmittel erfordert. Obwohl eine unbehandelte Pyrrolurie aufgrund des Nährstoffmangels zu schwerwiegenden Folgeerkrankungen führen kann, wird sie derzeit in der medizinischen Praxis leider nur sehr selten in die Diagnostik einbezogen.

Eine umfassende Versorgung mit Vitamin B6 kann sich sehr günstig auf Beschwerden wie Gefühllosigkeit und Kribbeln an den Armen und Beinen auswirken.

Wie positiv sich Vitamin B6 in Zusammenhang mit geschädigten Nerven zeigen kann, ist auch bei dem Karpaltunnelsyndrom zu beobachten. Hierbei handelt es sich um eine „typische Frauenerkrankung", bei der es zu einer Nerveneinengung in der Handwurzel kommt. Eine Verabreichung von Vitamin B6 kann die auftretenden Schmerzen häufig deutlich lindern.

Zu den wichtigsten B6-Lieferanten zählen Vollkornprodukte, Makrelen, Kartoffeln, Makrelen, Sardinen sowie Innereien wie Nieren und Leber.

Die Aufbewahrung und der Herstellungsprozess sind für den Vitamin B6-Gehalt von großer Wichtigkeit. Durch Kochen und Braten kann der Gehalt um bis zu 40 % reduziert werden, bei tiefgefrorenen Lebensmitteln, sowie beim Mahlen von Getreide zu weißem Mehl, ist ein Verlust von bis zu 50 % möglich. Am meisten wird der Vitamingehalt durch die Mikrowelle beeinflusst, denn hier kann der Verlust sogar bis zu 90 % betragen.

Vitamin B12

Bei der Polyneuropathie und anderen Erkrankungen, bei denen die Nerven beeinträchtigt sind, kommt dem Vitamin B12 eine besondere Bedeutung zu, denn es ist am Aufbau des gesamten Nervensystems beteiligt. Wie eng dieses wertvolle Vitamin mit der Nervengesundheit in Verbindung steht, zeigt sich bei einem Mangel, denn dieser kann zu schwerwiegenden Schäden des Nervensystems führen. Diese äußern sich durch Gangunsicherheit, Bewegungsstörungen, aber auch Taubheitsgefühle der Beine können durch den Mangel ausgelöst werden.

Darüber hinaus kann sich die Unterversorgung mit Vitamin B12 auch durch Müdigkeit, gestörte Wundheilung, Blutarmut, depressive Verstimmungen und eine erhöhte Infektanfälligkeit bemerkbar machen.

Schon ein geringes Defizit kann zu Symptomen führen. Bestimmte Personengruppen sind besonders gefährdet, einen Vitamin B12-Mangel zu erleiden. Allen voran sind dies ältere Menschen und Raucher.

B12 ist insbesondere in Lebensmitteln tierischen Ursprungs enthalten, also in Fleisch, Milchprodukten und Eiern. Außerdem ist es in Fisch und fermentierten Lebensmitteln pflanzlichen Ursprungs anzutreffen wie beispielsweise in Sauerkraut. Letzteres wird darauf zurückgeführt, dass die hier anwesenden Mikroorganismen in der Lage sind, Vitamin B12 zu produzieren.

Bei der Lebensmittelherstellung geht aufgrund der extremen Licht- und Sauerstoffempfindlichkeit häufig eine große Menge an Vitamin B12 verloren. Allein ein zweiminütiges Kochen von Milch reduziert hier den Gehalt um bis zu 30 %.

Folsäure

Folsäure wurde früher Vitamin B9 genannt, heute ist es eher bekannt als das „Glückshormon“.

Ein Folsäuremangel kann sich durch unterschiedliche Symptome zeigen, sogar sensible Polyneuropathien, Restless Legs und neuropsychologische Ausfälle werden auf diesen Mangel zurückgeführt. Eine unzureichende Versorgung mit Folsäure ist insbesondere von Personen bekannt mit einer langfristigen Einnahme von Cortison, Acetylsalicylsäure sowie Hormonpräparaten. Außerdem sollten insbesondere auch Kaffeetrinker und Raucher auf ihre Folsäureversorgung achten.

Ein Folsäuremangel ist oftmals mit einem Vitamin B12-Mangel vergesellschaftet. Nicht ohne Grund wird die Folsäure auch als der Zwillingsbruder des Vitamins B12 bezeichnet. Nur wenn beide gemeinsam quasi im Doppelpack auftreten, können sie erst ihr vollständiges Wirkungsspektrum entfalten.

Wenn zu wenig Folsäure vorhanden ist, entsteht gleichzeitig auch ein Vitamin-B12-Mangel, indem die Folsäurespeicher im Gewebe nicht aktiv werden.

Erfolgt allerdings eine zu hohe Folsäure-Dosierung, dann kann dies dazu führen, dass ein B12-Mangel hierdurch kaschiert wird. Um dies zu verhindern, und auch um die optimale Verfügbarkeit beider Vitamine zu ermöglichen und die Balance zwischen beiden Partnern sicherzustellen, sollten diese beiden Zwillingsbrüder in Kombination und nicht als Einzelsubstanz eingenommen werden.

Empfehlenswerte Lebensmittel

VIEL essen

Die Lebensmittelliste gibt einen kurzen Überblick über die häufig zu verzehrenden Lebensmittel. Sie erheben keinen Anspruch auf Vollständigkeit.

Äpfel
Ananas
Auberginen
Basilikum
Beerenfrüchte
Blaubeeren
Blumenkohl
Brokkoli
Brombeeren
Buttermilch
Curcuma
Eier
Erdmandeln
Fenchel
fettarme Produkte
Himbeeren
Ingwer
Innereien
Kichererbsen
Knoblauch
Kräuter, frische
Leinöl
Linsen

Mango
Moringa
Nüsse
Olivenöl
Papaya
Paprikaschoten
Petersilie
Pinienkerne
Pilze
Schnittlauch
Sesamkörner
Sesamöl
Spinat
Vollkornprodukte
Zwiebeln
Zitrusfrüchte

Lebensmittel-ABC
der besonders gesunden Lebensmittel

Die Rezepte in diesem Kochbuch wurden mit größter Sorgfalt zusammengestellt und enthalten einige Zutaten, die nicht alltäglich in unserer deutschen Küche sind. Warum ausgerechnet die eine oder andere Zutat für die Rezepte ausgewählt wurde, erklärt sich durch dieses kleine Lebensmittel-ABC.

Curcuma

Curcuma gehört zu den beliebtesten Gewürzen in Südostasien. Dort ist Curcuma schon seit vielen Jahrhunderten als Heilmittel bekannt. Viele der sehr beeindruckenden gesundheitsfördernden Eigenschaften konnten längst durch zahlreiche internationale Studien belegt werden.

Von dem enthaltenen Wirkungsbestandteil Curcumin weiß man heute, dass er nicht nur antiviral, antimikrobiell und entzündungshemmend ist, sondern sogar krebshemmend wirken kann. Darüber hinaus verfügt Curcumin über ein beachtliches Potential an antioxidativer Wirkung, die dazu führt, dass freie Radikale neutralisiert werden. Besonders dieser Aspekt macht Curcuma bei der Polyneuropathie so wertvoll.

Curcuma ist seit einigen Jahren als Nahrungsergänzungsmittel und als Gewürzpulver erhältlich. Somit lässt es sich sehr einfach in den Küchenalltag integrieren. Als Gewürz kann es aufgrund seines etwas scharfen und herben Geschmacks vielseitig eingesetzt werden, sei es in einer Suppe, Soße, im Dressing oder zum Würzen von Fleisch, Fisch und Reis.

Die Wirksamkeit des Curcumas ist bei der Verwendung als Gewürz allerdings nicht in dem Umfang möglich wie sie von hoch dosierten Nahrungsergänzungsmitteln bekannt sind.

Erdmandeln

Erdmandeln sind unterirdische erbsengroße braune Wurzelknollen des Erdmandelgrases und werden auch als Chufas oder Tigernüsse bezeichnet. In Spanien und afrikanischen Ländern sind die Erdmandeln sehr bekannt, in Deutschland findet man sie bisweilen hauptsächlich in Bioläden. Sie sind als Flocken, Mehl und Öl erhältlich.

Aufgrund ihres außergewöhnlichen Nährstoffgehaltes werden Erdmandeln auch als Nervennahrung bezeichnet. Sie verfügen über Mineralstoffe (Magnesium, Kalzium, Kalium, Eisen und Phosphor), Spurenelemente, Proteine, Vitamine C, E und H sowie ungesättigte Fettsäuren. Darüber hinaus enthalten Sie wichtige Enzyme und Phytohormone und bestehen zu 7 % aus Eiweiß.

Auch der hohe Ballaststoffanteil (29 g pro 100 g) macht die Erdmandeln sehr wertvoll, denn nicht nur die Darmtätigkeit, sondern auch die Regulation des Blutzuckerspiegels wird günstig beeinflusst. Diabetiker profitieren von den Erdmandeln außerdem durch den relativ niedrigen glykämischen Index.

Einziger Wermutstropfen ist der relativ hohe Kaloriengehalt, denn mit einem Anteil von mehr als 25 % sind die Erdmandeln sehr ölhaltig.

Der Geschmack der Erdmandel ist leicht süßlich und erinnert an Mandeln und Nüsse, sodass sie besonders gerne beim Backen, für Desserts und im Müsli verwendet werden. Erdmandeln gehören nicht zu der Nussfamilie, sodass sie eine beliebte Alternative für Nussallergiker sind.

Nicht nur die Erdmandelflocken sind eine leckere und gesundheitsfördernde Bereicherung in der Küche, sondern auch das Erdmandelöl. Dieses enthält hochwertige Öle wie mehrfach ungesättigte Fettsäuren, Linolsäure und Omega-6-Fettsäuren.
Der Geschmack ist leicht nussig, sodass sich das Öl besonders gut anbietet für das Anrichten von Salaten, Desserts und für Backwaren. Da Erdmandelöl sehr

hitzebeständig ist, kann es auch hervorragend zum Kochen verwendet werden und ist bezogen auf den Nährstoffgehalt eine gute Alternative für das sonst sehr gängige Olivenöl.

Kichererbsen

Kichererbsen gehören zu den Hülsenfrüchten und sollten nicht roh verzehrt werden, da sie Phasin enthalten, der als giftiger Eiweißstoff bekannt ist, aber durch Kochen zerstört wird.

In gekochtem Zustand sind Kichererbsen sogar ausgesprochen gesund und aufgrund ihres hohen Vitamin-B-Gehaltes (B1, B6 und Folsäure) bei der Polyneuropathie eine wertvolle Bereicherung auf dem Speiseplan. Darüber hinaus sind auch Mineralstoffe wie Magnesium, Kalium, Kalzium, Eisen und Zink sowie Lysin enthalten. Der hohe Eiweißanteil von 20 g auf 100 g sowie der hohe Ballaststoffgehalt machen die Kichererbsen besonders für Diabetiker interessant, denn sie ermöglichen ein lang anhaltendes Sättigungsgefühl, was den hohen Kaloriengehalt (300 kcal pro 100 g) kompensiert.

Kichererbsen können aufgrund der enthaltenen Raffinose zu Blähungen führen. Somit sollte die individuelle Toleranzgrenze eingehalten werden, auch die Ergänzung der Mahlzeit mit Kümmel, Fenchel oder anderen entblähenden Kräutern trägt zur Linderung und Verhinderung der Blähungen bei.

Kichererbsen sind in getrockneter Form und in Konservendosen und Gläsern erhältlich. Gesünder, aber auch zeitintensiver, ist die Zubereitung mit getrockneten Kichererbsen. Diese werden mindestens 12 Stunden in Wasser eingeweicht und benötigen anschließend noch eine Garzeit von 2 bis 3 Stunden.

Aufgrund ihres leicht nussigen Geschmacks lassen sich Kichererbsen bei der Zubereitung zahlreicher verschiedener Speisen verwenden, sei es zum Salat, in der Suppe, mit Gemüse kombiniert, als Brotaufstrich oder Püree. Sehr häufig werden Kichererbsen mit Kreuzkümmel angerichtet, außerdem werden auch Koriander, Gewürznelke, Thymian, Oregano und Knoblauch verwendet. Kichererbsen sind in Supermärkten und Bioläden erhältlich.

Leinöl

Leinöl ist ein pflanzliches Speiseöl, das in den letzten Jahren aufgrund seiner diversen positiven Einflüsse auf die Gesundheit zunehmend in den Fokus gesundheitsbewusster Menschen gerückt ist. Leinöl ist das Lebensmittel mit dem höchsten bekannten Gehalt an Omega-3-Fettsäuren. Kein anderes Nahrungsmittel, weist annähernd eine so große Menge auf. In 100 Gramm Leinöl sind bis zu 50 Gramm dieser essentiellen Fettsäuren enthalten. In fettreichen Fischsorten sind hingegen gerade mal 3 Gramm vorhanden.

Noch mehr Omega-3-Fettsäuren als das Leinöl enthält hingegen das sogenannte Perilla-Öl. Dieses in Süd-Ostasien beheimatete Öl ist ebenfalls pflanzlichen Ursprungs, allerdings führt die aufwändige Herstellung dazu, dass es für viele Menschen kaum erschwinglich ist und somit in der Küche eher selten anzutreffen ist. Allein schon der Preis von über 30,- € für einen halben Liter führt dazu, dass andere Öle bevorzugt werden.

Und genau diese hochwertigen Fettsäuren sind es, die das Leinöl so wertvoll machen und über nachweisliche gesundheitsfördernde Eigenschaften verfügen.

Für Diabetiker, aber auch für Personen, die befürchten, an Diabetes zu erkranken, ist Leinöl sogar in mehrfacher Hinsicht wertvoll, denn nicht nur die Nerven erfahren eine Stärkung, sondern das Leinöl hat auch einen sehr günstigen Einfluss auf den Blutzuckerspiegel, sodass sogar bei einigen Betroffenen Verringerungen der benötigten Insulinmenge möglich werden.
Um den größtmöglichen Nutzen des Leinöls zu erreichen, sollte es nicht erhitzt werden. Somit eignet sich Leinöl hauptsächlich für das Anrichten von kalten Speisen und für das Beträufeln von bereits fertig gekochten Gerichten.
Leinöl ist aufgrund seines hohen Omega-3-Fettgehaltes nicht lange haltbar. In der Regel sollte es innerhalb von drei Monaten nach der Herstellung verbraucht

sein. Das auf der Flasche angegebene Haltbarkeitsdatum sollte eingehalten werden. Die Aufbewahrung erfolgt im Kühlschrank, allerdings wird die Haltbarkeitsdauer durch die Kühlung nicht verlängert.

Linsen

Linsen gehören zu den ältesten Kulturpflanzen und wurden bereits vor über 10.000 Jahren von unseren Vorfahren verwendet. Noch zu Zeiten unserer Großeltern hatten Linsen ihren festen Platz im Speiseplan. Und so manch einer erinnert sich noch an seine Kindheitstage, in denen es einmal wöchentlich deftige Eintöpfe mit Hülsenfrüchten gab.

Als Kind war man zumeist nicht erfreut über derartige Mahlzeiten und hätte stattdessen lieber Spaghetti mit Tomatenketchup auf dem Teller gesehen. Im Erwachsenenalter weiß man Linsen hingegen sehr zu schätzen, denn deren gesundheitlichen Aspekte finden inzwischen große Beachtung.

Linsen haben zweifelsohne in den vergangenen Jahren den Weg zurück in die Küche gefunden. Und sogar manch ein Profikoch zaubert inzwischen kulinarische Highlights auf der Basis von Linsen. Man könnte somit sogar behaupten, dass Linsen salonfähig geworden sind und nicht mehr als das eher „Arme-Leute-Essen" gelten. Heute weiß man um die vielen Nährstoffe, die Linsen mit sich bringen, denn sie enthalten wertvolle Mineralstoffe und Spurenelemente. Besonders hoch ist der Eisengehalt, aber auch Magnesium, Kalium, Kalzium, Magnesium und Phosphor sind in großen Mengen vorhanden.

Besonders für Diabetiker mit Polyneuropathie sind Linsen eine sehr sinnvolle Bereicherung des Speiseplans, denn aufgrund der vielen Ballaststoffe, die vorrangig in der Schale sitzen, aber auch durch die komplexen Kohlenhydrate und hochwertigen Eiweiße sorgen Linsen für ein lang andauerndes Sättigungsgefühl und einen ausgeglichenen Blutzuckerspiegel.
Linsen gibt es in getrockneter Form, sodass sie über Nacht in Wasser eingeweicht werden, bevor sie am nächsten Tag bis zu 2 Stunden gegart werden.

Schneller geht es mit roten Linsen, denn diese sind bereits geschält und garen in 15 bis 20 Minuten, ohne dass sie vorher eingeweicht werden müssen. Da sie mehlig kochen und dazu neigen, schnell zu zerfallen, sind sie besonders für Pürees und Currys geeignet. Durch den Kochvorgang verändern die roten Linsen ihre Farbe und werden gelblich.

Mandeln

Mandeln sind seit jeher dafür bekannt, dass sie die Nerven stärken und sich günstig bei Erkrankungen der selbigen auswirken können.

Zurückgeführt wird dies auf den beeindruckend hochwertigen Nährstoffgehalt, mit dem Mandeln aufwarten. Überhaupt zählen Mandeln zu den wertvollsten bekannten Lebensmitteln, die uns die Natur zur Verfügung stellt.

So enthalten Mandeln die Vitamine B1, B2 und B6, die besonders wichtig für die Behandlung der Polyneuropathie sind, aber auch die Vitamine A und E sind vertreten sowie mehrfach ungesättigte Fettsäuren und diverse Mineralstoffe und Spurenelemente. Im Verhältnis gesehen ist Vitamin E am reichhaltigsten vorhanden, so enthalten 100 g Mandeln beeindruckende 25 g Vitamin E.

Einziger Wermutstropfen der Mandeln besteht in dem hohen Kaloriengehalt.

Moringa

Moringa galt bislang als Geheimtipp gesundheitsbewusster Menschen und naturheilkundlich orientierter Therapeuten. Doch immer mehr hat sich Moringa inzwischen den Weg in die Allgemeinheit geebnet.

Ganz anders verhält es sich seit jeher in Ländern wie Indien und in einigen afrikanischen Ländern, wo der äußerst anspruchslos aufwachsende Baum auf sandigen Böden sein Dasein fristet und trotz der unwirtlichen Umstände prächtig gedeiht und als die nährstoffreichste Pflanze unseres Planeten bekannt ist.

Hier weiß man seit alters her, dass man es mit einer Art Wunderbaum zu tun hat, denn die einzigartige Vitalstoffkonzentration sucht tatsächlich seinesgleichen. Immerhin enthält der Moringabaum 92 wichtige Nährstoffe, 46 verschiedene Antioxidantien und darüber hinaus alle lebenswichtigen Aminosäuren und sekundären Pflanzenstoffe. Schließlich macht auch der extrem hohe Eiweißanteil Moringa so einzigartig, weil dies in der Pflanzenwelt nur äußerst selten vorkommt.

Moringa gibt es mittlerweile in verschiedenen Darreichungsformen, sodass man je nach Bedarf wählen kann zwischen Nahrungsergänzungsmitteln in Tablettenform oder als Pulver. Auch frische Blätter sind erhältlich. Diese erntet man am einfachsten, wenn man Zuhause sein eigenes Moringabäumchen züchtet. Die hier geernteten Blätter werden wie Spinat angerichtet oder in einen Salat gemischt.
Wenn man Moringa in der Küche verwenden möchte, kommt es in der Regel als Pulver zum Einsatz. In dieser Form kann man es bei der Zubereitung unterschiedlichster Gerichte einfließen lassen, sei es in einer Suppe, Soße, im Smoothie oder indem man es über einen Salat oder einen Gemüseteller streut. Einzig das zuweilen etwas widerspenstige Auflösen des Pulvers in Wasser zeigt einem die kreativen Grenzen in der Küche auf.
Die in Moringa enthaltenen Vitamine sind hitzeempfindlich, sodass es sich empfiehlt, das Pulver erst möglichst nach Abschluss des Kochens hinzuzugeben.

Nüsse

Nüsse gehören bei der Unterstützung der Nervengesundheit zu den Lebensmitteln, die auf dem Speiseplan ganz oben stehen sollten.

Was den Nährstoffgehalt betrifft, sind Nüsse ein wahrhaftiges Schlaraffenland. Je nach Nussart sind nicht nur mehrere der B-Vitamine und Vitamin E enthalten, sondern auch wertvolle Mineralstoffe und ungesättigte Fettsäuren.

Aufgrund ihres hohen Fettgehalts weisen Nüsse verhältnismäßig viele Kalorien auf. Aus diesem Grund sollten insbesondere Personen mit einem Hang zu Übergewicht Nüsse nur in Maßen verzehren.

Außerdem sollte man beachten, dass Nüsse nicht unbegrenzt haltbar sind. In der Regel können sie bis zu 12 Monate aufbewahrt werden.

Nüsse sind sehr anfällig, von Schimmelpilzen befallen zu werden, auch Verfärbungen und ein verdächtiger Geruch deuten darauf hin, dass man die jeweiligen Nüsse lieber nicht essen sollte.

Pekannüsse

Pekannüsse werden der Familie der Walnüsse zugeordnet und sind in der amerikanischen Küche sehr bekannt. Hier werden sie sehr vielseitig verwendet, sei es im Obstsalat, Müsli, Salat oder bei Geflügelmahlzeiten. In Deutschland hingegen kommen sie bisweilen eher wenig bei der Zubereitung von Gerichten zum Einsatz. Gerade im Hinblick auf die fantastischen hochwertigen Inhaltsstoffe und die positiven gesundheitsfördernden Eigenschaften ist das sehr bedauerlich.

Pekannüsse sind nämlich sehr nahrhaft und enthalten nicht nur wichtige Vitamine wie B1 und B2, sondern auch Zink, Eisen, Magnesium, Kalzium und Kalium.

So fantastisch Pekannüsse auch sind, ganz ohne eine Kehrseite kommen sie leider nicht aus, denn mit ihren 700 Kalorien pro 100 g sind sie beachtliche Kalorienbomben und gehören damit zu den kalorienreichsten Nüssen.

Pinienkerne

Pinienkerne werden aus den Zapfen der gleichnamigen Pinien-Bäume geerntet, die in Ländern des Mittelmeeres beheimatet sind.

Wenn es darum geht, dem Körper möglichst viel Vitamin B zur Verfügung zu stellen, dann dürfen Pinienkerne nicht auf dem Speiseplan fehlen. Und was den Vitamin B1-Gehalt angeht, übertreffen sie sogar Nüsse, obwohl deren Aufgebot an Vitamin B1 auch nicht gerade klein ist.

Der Geschmack der Pinienkerne erinnert an Mandeln, allerdings sind sie weicher und damit gerade im rohen Zustand leichter zu kauen.

Ähnlich wie Nüsse auch, enthalten Pinienkerne verhältnismäßig viel Fett und sind somit auch kleine Kalorienbomben. So bringen es 100 g Pinienkerne immerhin auf beeindruckende 600 Kalorien.

Pinienkerne neigen dazu, schnell ranzig zu werden. Aus diesem Grund empfiehlt es sich, sie am besten im Kühlschrank aufzubewahren.

Sesam

Sesamsamen gehören zu den Nahrungsmitteln, die oftmals unterschätzt werden. Vielleicht liegt es an ihrer Größe, denn sie sind mit gerade mal 2 mm so klein und unscheinbar, dass man ihnen womöglich nicht so viel zutraut. Doch weit gefehlt, denn Sesamkörner können viel mehr als nur als hübsche Dekoration beim Brötchen zu dienen.

Gerade für Menschen mit Polyneuropathie sind sie eine sehr wertvolle Bereicherung des Speiseplans. Sie verfügen über beachtliche Mengen an Vitamin B. Auch der hohe Gehalt an Mineralstoffen wie Kalzium, Magnesium, Zink, Kalium und Eisen ist nicht zu unterschätzen. Besonders der hohe Kalziumwert ist beeindruckend, übertrifft dieser sogar die als Kalziumlieferanten favorisierte Vollmilch. Ein Esslöffel Sesamkörner enthält immerhin mehr Kalzium als ein halbes Milchglas. Darüber hinaus sind auch wertvolle sekundäre Pflanzenstoffe wie unter anderem Phytinsäure und Phytosterine vorhanden.

Doch nicht nur die Samenkörner warten mit beachtlichen Nährstoffen auf, sondern auch das aus ihnen gewonnene Sesamöl. Dieses verfügt über viele ungesättigte Fettsäuren und ist aufgrund des leckeren nussigen Geschmacks eine sehr empfehlenswerte Bereicherung für jeden Salat und viele Gemüsesorten, vorausgesetzt, das Öl wird nicht erhitzt. Durch Hitze werden nämlich wertvolle Nährstoffe zerstört, bei Vitaminen geht man von bis zu 40 % Verlust aus.

Eine weitere Möglichkeit, Sesam zu verzehren, bietet das sogenannte Tahini. Hierbei handelt es sich um eine Sesampaste, die man auf verschiedene Art und Weise bei der Zubereitung diverser Gerichte mit einbringen kann. Die Sesampaste ist nicht nur aufgrund des leckeren Geschmacks beliebt, sondern auch wegen der besonders vielen Ballaststoffe.

Sesam ist mit einem Anteil von bis zu 60 % Öl sehr fetthaltig und verfügt somit über viele Kalorien. Da Öl in der Regel in Maßen verwendet wird, ist dieser im ersten Moment als Nachteil erscheinende Aspekt zu vernachlässigen.

Sesam eignet sich in Form der Körner und als Öl auf sehr vielfältige Weise, diverse Speisen mit wertvollen Nährstoffen zu bereichern. Man sollte sich ein Glas Sesamkörner in Sichtweite in der Küche aufstellen und bei jeder sich bietenden Gelegenheit bei der Zubereitung der Mahlzeiten einbinden. Sei es durch das Bestreuen von Salaten, Gemüsegerichten oder Nudeln oder in Form des Öls, das man entsprechend über die Speisen träufeln kann.

Smoothies

Smoothies haben sich innerhalb weniger Jahre zu beliebten Kult-Getränken bei gesundheitsbewussten Menschen entwickelt. Etwas schmunzelnd werden sie als flüssige Salate oder Gemüsecocktails bezeichnet. Auch die Begriffe „grüne Smoothies" und „rote Smoothies" sind häufige Bezeichnungen.

Letztendlich steckt hinter all diesen unterschiedlichen Begrifflichkeiten in einem Mixer püriertes Obst und Gemüse, das durch das Zusetzen von Flüssigkeit zu einem Getränk heranwächst. Je nachdem, wie flüssig diese gesunden Obst- und Gemüsedrinks werden sollen, verwendet man entsprechend wenig oder viel Flüssigkeit, sei es in Form von Wasser, Fruchtsaft, Milch, Sojamilch, Reismilch, Kokosmilch, Hafermilch oder anderen. Alle Zutaten werden so lange gemixt, bis die gewünschte Konsistenz erreicht ist.

Wertvolle Bereicherungen sind auch einige Nahrungsergänzungsmittel wie beispielsweise Spirulinaalgen, Curcuma oder Moringa. Je nach Obst- und Gemüsesorte wird alles für das Smoothie verwendet, was die Pflanze hergibt. Sogar Kerne werden vereinzelt mit verwertet. Wenn es um den gesundheitlichen Vorteil geht, sollten die grünen Smoothie, die vorrangig aus grünen Salaten, Gemüsesorten und Kräutern bestehen, den Fruchtsmoothies vorgezogen werden. Je grüner ein Smoothie ist, desto hochwertiger ist sein Nährstoffgehalt einzuschätzen.
Ein grünes Smoothie kann sogar eine derart wertvolle Nährstoffkombination enthalten, dass es im Hinblick auf die Vitalstoffe eine komplette Mahlzeit ersetzen kann. Die reinen Fruchtsmoothies hingegen verfügen in der Regel über große Mengen Fruchtzucker, was gerade auch im Hinblick auf Diabetes zu vermeiden ist. Wenn man nicht gänzlich auf etwas Fruchtgeschmack verzichten

möchte, besteht ein guter Kompromiss darin, ein grünes Smoothie mit etwas Obst zu ergänzen.

Doch nicht nur der intensive Nährstoffgehalt macht Smoothies so beliebt, sondern auch die Entlastung des Organismus spielt für gesundheitsbewusste Menschen eine wichtige Rolle. Dem Körper wird durch das pürierte Nahrungsmittel in Form von Smoothies viel Energie eingespart, die er stattdessen anderweitig einsetzen kann.

Smoothies sind sehr schnell hergerichtet. Je nach Zutaten lassen sie sich fix in grobe Stücke schneiden und in einem Mixer pürieren. Aus diesem Grund werden Smoothies inzwischen auch als das „natürliche Fastfood" bezeichnet.

Die in diesem Buch vorgeschlagenen Smoothie-Rezepte zeigen einen Überblick über die vielfältigen Möglichkeiten, leckere und gesunde Smoothies zu mixen. Den eigenen Ideen und Vorlieben sind natürlich keine Grenzen gesetzt, um aus den vorgestellten Smoothies weitere Kreationen zu zaubern.

Grundsätzlich ist es möglich, Smoothies zwei bis drei Tage im Kühlschrank aufzubewahren. Gesünder, weil nährstoffhaltiger, ist jedoch der sofortige Verzehr. Je länger die Smoothies im Kühlschrank verweilen, umso mehr ihrer hochwertigen Vitalstoffe gehen verloren.

Sonnenblumenkerne

Sonnenblumenkerne werden auch als Nervenfutter bezeichnet und sollten, genauso wie Nüsse, regelmäßig auf dem Speiseplan stehen, wenn es um die Polyneuropathie geht.
Sonnenblumenkerne verfügen über eine beachtliche Vielfalt an hochwertigen Nährstoffen. Neben den Vitaminen B1 und B6 sind auch unter anderem Vitamin E, Magnesium, Mangan, Selen und ungesättigte Fettsäuren enthalten.

Die Sonnenblumenkerne sind zwar nicht ganz so kalorienintensiv wie einige Nussarten, aber auch mit ihren 520 Kalorien pro 100 g gehören sie zu den Schwergewichten und sollten in Maßen und nicht in Massen verzehrt werden.

Die Einsatzmöglichkeiten der Sonnenblumenkerne sind sehr vielfältig, denn sie sind als gesunde Knabberei genauso lecker wie als Salatbeilage oder als Zutat in Backwaren oder Soßen.

Spirulinaalgen

Spirulinaalgen sind eigentlich als Nahrungsergänzungsmittel bekannt, das man in Tablettenform einnimmt. Dass man die Algen aber auch hervorragend bei der Zubereitung von Speisen und Getränken einsetzen kann, wird oft gar nicht bedacht.

Mit der Spirulinaalge haben wir ein wahrhaftiges Nährstoff-Powerpaket zur Hand, denn es gibt kaum eine andere Pflanze, die über ein so breit aufgestelltes Repertoire an hochwertigen Nährstoffen verfügt.

Die Zusammensetzung der Spirulinaalgen lässt quasi keine Wünsche offen, denn neben den B-Vitaminen sind auch Zink, Kalzium, Mangan, Kalium, Eisen, Selen, Beta-Carotin sowie essentielle Fett- und Aminosäuren enthalten. Darüber hinaus beeindruckt die Spirulinaalge mit einem beachtlichen Eiweiß-gehalt, denn dieser macht bis zu 75 % aus.

Das Eiweiß ist es schließlich auch, was die Spirulinaalgen bei Vegetariern und Veganern so beliebt macht.

Durch ihren Verzicht auf Fleisch und Fisch benötigen Vegetarier alternative Eiweißquellen und nutzen die Algen gerne, um ihren Eiweißbedarf zu decken.

Am einfachsten ist es, Spirulinaalgen in grüne Smoothies einzurühren. Im Mixer lassen sich die Presslinge leicht zerkleinern und geben den Smoothies eine intensive grüne Farbe. In Pulverform lassen sich die Spirulinas gut in Salatsoßen und Suppen einrühren oder direkt über die Speise streuen.

Die in den Algen enthaltenen Vitamine reagieren sehr wärmeempfindlich. Somit sollten sie nicht stark erhitzt, sondern erst nach Abschluss des Kochvorgangs beigefügt werden.

Stevia – kein Zucker und trotzdem süß

Dass Zucker nicht gesund ist, das weiß eigentlich schon jedes Kind. Dass viele der heutigen Zivilisationserkrankungen in engem Zusammenhang mit dem immensen Zuckerverzehr stehen, ist allerdings wesentlich unbekannter bzw. will man es am liebsten gar nicht wissen. Denn das würde ja bedeuten, dass man seinen Zuckerkonsum womöglich einschränken sollte.

Auch bei der Polyneuropathie wird empfohlen, auf Zucker möglichst zu verzichten, weil er nicht förderlich für die Nervengesundheit ist. Ganz besonders betrifft dies Diabetiker, die aufgrund ihres entgleisten Blutzuckerspiegels Zucker möglichst komplett von ihrem Speiseplan streichen sollten. Doch der Alltag vieler Diabetiker sieht häufig nicht nach einem „Streichkonzert" aus.

Das was auf der einen Seite zu viel an Zucker konsumiert wird, wird auf der anderen Seite mit erhöhten gespritzten Insulinmengen vermeintlich kompensiert, weil dies oftmals leichter fällt, als auf den allseits geliebten Zucker zu verzichten. Dass man sich letztendlich nur selbst damit schadet, will man dann nur ungern wahr haben.

Dabei gibt es längst gute und adäquate Alternativen, die ohne Reue und schlechtes Gewissen auch weiterhin gelegentliche süße Leckereien ermöglichen. Insbesondere ist hier ein natürlicher Pflanzenextrakt zu nennen, der seit einigen Jahren von sich reden macht. Selbst Diabetiker können diesen Extrakt problemlos verzehren, weil dieser natürliche Süßstoff keinen negativen Einfluss auf den Blutzuckerspiegel mit sich bringt.
Die Rede ist von der Pflanze Stevia, die schon seit mehreren Jahrhunderten als natürliches Süßungsmittel von südamerikanischen Indianern verwendet wird.

Trotz dieser langen Tradition in Südamerika und jahrelanger Erfahrung in asiatischen Ländern dauerte es einige Jahre, bis Stevia endlich auch in den EU-Ländern offiziell als Süßungsmittel zugelassen wurde. Seit 2011 ist Stevia im Handel erhältlich, und einige Lebensmittelhersteller bieten inzwischen Produkte mit Stevia anstatt mit herkömmlichem Zucker an wie etwa Joghurt, Limonade, Schokolade oder andere Süßigkeiten.

Der Geschmack von Stevia ist zuweilen etwas gewöhnungsbedürftig, zumal bei einer zu großen Menge ein leicht lakritzartiger oder bitterer Geschmack zum Vorschein kommt. Dies ist zumeist abhängig von dem jeweiligen Herstellungsverfahren, sodass gegebenenfalls auch die Wahl auf ein anderes Stevia-Produkt sinnvoll sein kann.

Stevia gibt es in weißer und grüner Pulverform und als Tropfen. Letztere kommen insbesondere beim Backen zum Einsatz und sollten dezenter dosiert werden als das Pulver, weil die Süßkraft der Tropfen eine größere Intensität aufweist. Beim Kauf von Stevia sollte man darauf achten, dass keine weiteren Substanzen wie etwa Dextrose enthalten sind.

Besonders zu Beginn sollte man die Dosierung mit Bedacht wählen und auch bedenken, dass die Süßkraft eine große Intensität hat und ca. 300 Mal süßer als herkömmlicher Zucker ist. Einzig der Geschmack sollte zu einer etwas moderaten Dosierung veranlassen, denn das Argument des Kaloriengehalts entfällt hier, weil Stevia fast völlig kalorienfrei ist. Seitens der Behörden gilt derzeit eine tägliche Aufnahme von 4 mg pro kg Körpergewicht als Richtwert.

Neben dem quasi fehlenden Kaloriengehalt wartet Stevia mit einem weiteren entscheidenden Vorteil gegenüber den meisten anderen Ersatz-Süßungsmitteln auf. Denn es verfügt über einen beeindruckend hohen Nährstoffgehalt wie etwa Mangan, Magnesium, Kalzium und Zink. Die Argumente für die Verwendung von Stevia suchen also ihres gleichen, sodass Stevia in diesem Kochbuch als das einzige Süßungsmittel verwendet wird. Obwohl die Rezepte in diesem Kochbuch komplett auf herkömmlichen Zucker verzichten, kommt das „süße Vergnügen" trotzdem nicht zu kurz. Die Rubrik „Nachspeisen und andere süße Leckereien" enthält eine große Auswahl an süßen Köstlichkeiten.

Walnüsse

Wenn man an Walnüsse denkt, sind die Gedanken an die Weihnachts- und Winterzeit nicht mehr weit. Sie zieren Weihnachtsteller, dekorieren Gebäck und Weihnachtsbäume. Doch dass wir es bei der Walnuss mit einem äußerst wertvollen und nahrhaften Lebensmittel zu tun haben, wird meistens gar nicht bedacht.

Dabei liefern die Walnüsse viele Gründe, dass man sie nicht nur zur Weihnachtszeit essen sollte, sondern am besten jeden Tag. Walnüsse enthalten über 60 % der hochwertigen ungesättigten Omega-3-Fettsäuren und die Vitamine B12, C und E. Außerdem sind auch diverse Mineralstoffe und Spurenelemente vorhanden.

Mit ihren 670 Kalorien pro 100 g gehören sie allerdings auch zu den Kalorienbomben. Insofern sollte der Verzehr zwar regelmäßig, aber dennoch im überschaubaren Rahmen erfolgen.

Nicht empfehlenswerte Lebensmittel –
Verzehr meiden oder stark einschränken

Die Lebensmitteltabelle gibt einen Überblick über die zu meidenden Lebensmittel. Sie erhebt keinen Anspruch auf Vollständigkeit.

Alkohol

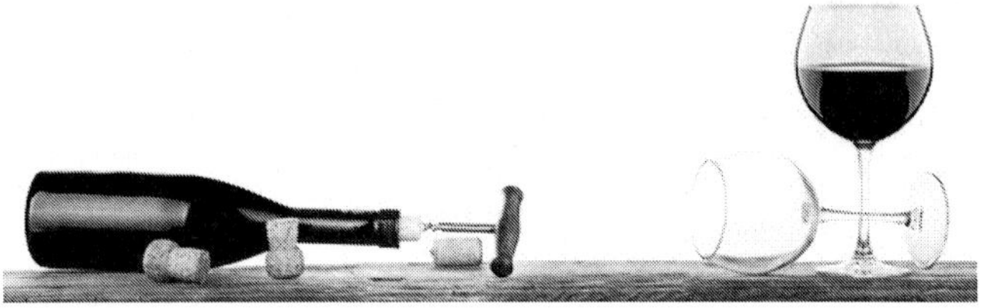

Übermäßiger Alkoholverzehr ist bekannt dafür, dass er zu Schädigungen von allen Körperzellen, insbesondere aber der Nervenzellen, führt. Hieraus resultierend kann sich durch einen regelmäßigen Alkoholkonsum eine Polyneuropathie entwickeln, die als Alkohol-Polyneuropathie bezeichnet wird.

Die alkoholbedingte Form bildet mit 30 % die häufigste aller Polyneuropathien. Alkohol wirkt auf die Nerven wie ein Toxin, also Gift, und wird somit auch zu den toxischen Polyneuropathien gezählt. Erhebungen gehen davon aus, dass jeder 5. Alkoholiker im Laufe seines Lebens Nervenschäden erleidet.

Die Schädigungen erfolgen durch den Alkohol selbst, aber auch durch dessen Abbauprodukte. Hinzukommen indirekte Auswirkungen des Alkohols, denn dieser bewirkt eine gestörte Aufnahme der Vitamine B1 und B6, sodass ein schwerwiegender Vitaminmangel entstehen kann, der eine degenerative Polyneuropathie begünstigen kann.

Allein schon aus diesen Zusammenhängen heraus erklärt sich von selbst, dass bei einer Polyneuropathie gänzlich auf Alkohol verzichtet werden sollte. Ganz besonders gilt dies für Alkoholiker, denn die besten Behandlungsaussichten bei der Polyneuropathie sind dann gegeben, wenn die auslösende Grunderkrankung (hier der übermäßige Alkoholkonsum) erfolgreich behandelt werden kann. Aber auch wenn die Polyneuropathie nicht in Verbindung mit regelmäßigem Alkoholkonsum steht, ist man gut beraten, weitestgehend auf dessen Verzehr zu verzichten, um eine Verschlechterung des Krankheitsbildes zu vermeiden und den Gesundungsprozess nicht zu gefährden.

Fettreiche Lebensmittel

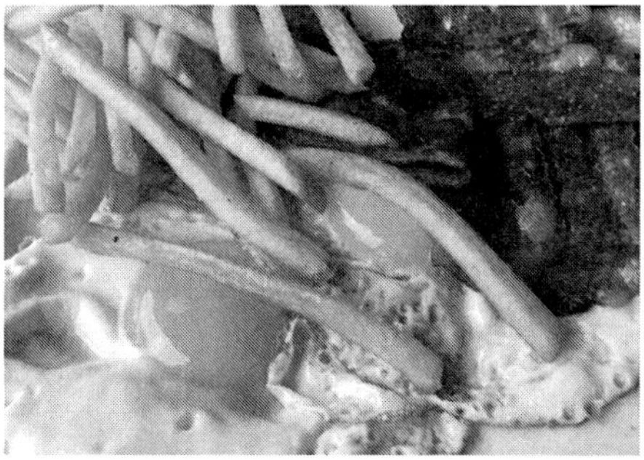

Wenn es um fetthaltige Lebensmittel geht, sind hauptsächlich diejenigen mit einem hohen Anteil an gesättigten Fettsäuren zu meiden. Hierzu zählen unter anderem fettreiches Fleisch, frittierte Lebensmittel wie Pommes Frites, fettreiche Milchprodukte wie Vollmilch, fetthaltiger Käse und Butter. Zu beachten sind aber auch sogenannte versteckte Fette, häufig anzutreffen in Süßigkeiten.

Wenn sich gelegentlich eine fettreiche Mahlzeit nicht vermeiden lässt, sollte diese in ihrer Portionsgröße beschränkt werden, um den negativen Einfluss zu begrenzen.

Einfache Kohlenhydrate

Bei einer Diabetes bedingten Polyneuropathie hat es oberste Priorität, den Blutzuckerspiegel unter Kontrolle zu halten, um das Fortschreiten der Erkrankung einzudämmen. Lebensmittel, die über einen hohen glykämischen Index verfügen, haben einen sehr negativen Einfluss auf den Blutzuckerspiegel. Somit ist es unverzichtbar, entsprechende Lebensmittel zu meiden.
Dies betrifft hauptsächlich Lebensmittel, die aus einfachen Kohlenhydraten bestehen und auch als raffinierte Kohlenhydrate bekannt sind.

Vorrangig sind hier Lebensmittel zu nennen, die Zucker, ballaststoffarmes Getreide und geschälten Reis enthalten wie beispielsweise Süßigkeiten, Snacks (z. B. Kartoffelchips), Desserts und viele Backwaren aus ballaststoffarmem Getreide (z. B. Brötchen, Brot, Kuchen, Brezeln, Kekse).

Gesündere Alternativen sind Vollkornprodukte, Vollkornreis, Quinoa, Hafer, Gerste und Dinkel.

Koffein

Koffein gehört bei den meisten Menschen zum Alltag und es hat den Anschein, als würde im heutigen Leben kaum ein Weg an ihm vorbeiführen. Denn da ist nicht nur der Kaffee, der seit jeher als „Koffeinbombe" bekannt ist, sondern auch Cola, schwarzer Tee, grüner Tee und sogar einige sogenannte Fitnessgetränke (isotonische Getränke), enthalten beträchtliche Mengen an Koffein. Das Koffein des Tees wird auch als Thein bezeichnet.

Eine Tasse Kaffee enthält zwischen 60 und 120 mg Koffein, Tee bringt es da nur auf die Hälfte und enthält zwischen 30 und 60 mg Koffein. Als hoher Koffeinkonsum wird eine tägliche Menge von mehr als 240 mg bewertet.

Darüber hinaus gibt es diverse Produkte, in denen man kein Koffein vermuten würde, aber in denen dennoch nicht unbeträchtliche Koffeinmengen enthalten sind wie etwa in einigen Süßigkeiten, Schokoladenprodukten, Limonaden und Arzneimitteln. Bei letzteren handelt es sich überwiegend um Präparate, die zur Behandlung von Kopfschmerzen und Migräne eingesetzt werden.

Zwar gibt es keine Beweise dafür, dass Koffein das Erkrankungsrisiko von Nervenerkrankungen erhöht, aber es gibt keinen Zweifel daran, dass Koffein zu unangenehmen Nebenwirkungen führen kann.

Koffein ist genau genommen ein Aufputschmittel, ein Stimulans, das kurzfristig zu mehr Wachheit führt und dazu beitragen kann, dass sich Müdigkeit vorübergehend verringert. Im Spitzensport zählt Koffein aufgrund der aufputschenden und leistungssteigernden Wirkung zu den verbotenen Substanzen, wenn bei Dopingkontrollen eine erhöhte Konzentration von mehr als 12 mg pro Liter vorhanden ist.

Ein Verzicht auf Koffein trägt zwar nicht unmittelbar zur Verbesserung der Polyneuropathie bei, aber auf indirekte Weise und das sogar mehrfach. Da Koffein einen Einfluss auf den Blutzuckerspiegel hat, sollten insbesondere Diabetiker den Verzehr einschränken.

Je höher der Kaffeekonsum ist, umso mehr treten körperliche Symptome auf, die sich auf unterschiedliche Weise zeigen wie etwa Kopfschmerzen, Herzrasen, Herzrhythmusstörungen, Zittern, Nervosität, Unkonzentriertheit, Schlaflosigkeit, Unruhe, Magen-Darmbeschwerden oder Reizbarkeit. Einige dieser Beschwerden stehen in engem Zusammenhang mit dem Einfluss des Koffeins auf das zentrale Nervensystem. Somit bedeutet häufiger Koffeinverzehr auch eine entsprechende Belastung für die Nerven.

Ein weiterer wesentlicher Aspekt, der gegen einen zu hohen Kaffeekonsum spricht, ist schließlich ein erhöhtes Risiko, einen Vitalstoffmangel zu erleiden.

Diese Situation wird hauptsächlich dadurch hervorgerufen, indem Kaffee harntreibend wirkt, sodass über den Urin verstärkt wichtige Nährstoffe wie Vitamine, Mineralstoffe und Spurenelemente ausgeschieden werden. Hauptsächlich betrifft dies die Mineralstoffe Kalzium und Magnesium sowie das Vitamin C.

Wenn zu große Mengen Vitamin C ausgeschieden werden, hat dies zur Folge, dass der Schutz vor freien Radikalen unzureichend ist, was sich negativ auf die Nervengesundheit auswirkt.

Als einer der wichtigsten Aspekte ist allerdings der Zusammenhang von erhöhtem Kaffeekonsum und Vitamin B6 zu bewerten. Kaffee ist seit jeher bekannt dafür, dass er zu einer Unterversorgung mit Vitamin B6 führen kann. Da dieses Vitamin an vielen Stoffwechselprozessen und auch an der Nervengesundheit beteiligt ist, äußert sich ein Mangelzustand durch vielseitige Symptome wie unter anderem durch Nervosität, Reizbarkeit und Hautveränderungen, die sich durch Schuppen, Rötungen oder juckende Flecken zeigen.
Ein weiterer Grund, Verzehr von koffeinhaltigen Getränken einzuschränken, ist deren negativer Einfluss auf den Säure-Basenhaushalt.

Hier ist insbesondere der Kaffee zu nennen, denn dieser ist aufgrund seines hohen Säuregehaltes sogar als „Basenräuber" bezeichnet.

Wer gar nicht auf Koffein verzichten möchte, ist gut beraten, seinen täglichen Konsum auf zwei Tassen Kaffee täglich zu beschränken. Der Verzehr sollte nicht abrupt reduziert werden, sondern schleichend, denn regelmäßiger Koffeinverzehr führt zu einer körperlichen Abhängigkeit. Erfolgt der Verzicht schlagartig, zeigt sich dieser häufig durch Entzugssymptome, die sich in Form von Kopfschmerzen, Müdigkeit, Benommenheit und sogar als kognitive Störungen und Muskelschmerzen äußern können. Meistens klingen die Beschwerden nach drei bis vier Tagen ab.

Zucker

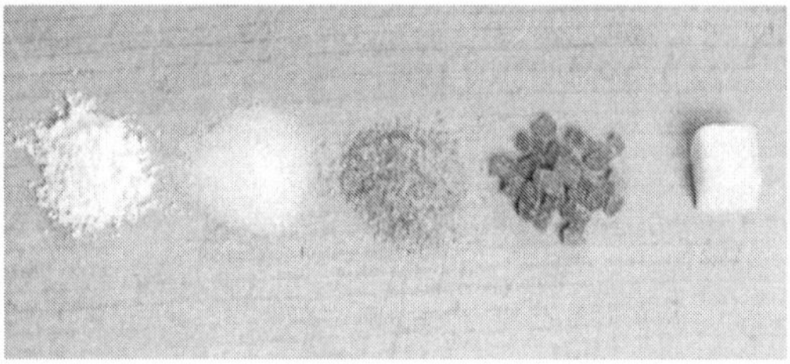

Haben Sie schon mal über Ihren jährlichen Zuckerkonsum nachgedacht? Sollten Sie an Diabetes erkrankt sein, ist Ihr Zuckerverzehr sicher deutlich niedriger als bei Nichterkrankten, aber möglicherweise immer noch viel zu hoch als Ihrer Gesundheit zuträglich ist.

Erschreckend sind die Zahlen, die man aus den USA kennt. Hier weiß man, dass der jährliche Zuckerkonsum durchschnittlich 150 Pfund pro Person beträgt. Der Vergleich zu dem Zuckerverzehr von vor 100 Jahren macht deutlich, in welche Schieflage sich die heutige Ernährungsweise manövriert hat. Immerhin lag zu Beginn des 20. Jahrhunderts der durchschnittliche Verbrauch pro Person gerade mal bei 5 Pfund pro Jahr.

War zu damaligen Zeiten der Verzehr von Süßigkeiten eine sonntägliche Ausnahme, so hat sich die Ernährungspyramide von einst geradezu auf den Kopf gestellt.

Zuckerhaltige Lebensmittel bilden für viele Menschen heute die Ernährungsgrundlage und durchkreuzen inzwischen unser ganzes Leben in jeder Altersstufe. Schon Babys werden mit vermeintlich gesunden Fertigbreis und Beruhigungstees gefüttert, nichtsahnend, das viele von ihnen längst die „Droge Zucker" enthalten.

In all seinen Varianten hat der Zucker heutzutage Jung und Alt im Griff, denn nicht nur die „Lebensmittel", in denen man Zucker vermuten würde, enthalten diesen in großen Mengen, sondern auch zahlreiche andere, bei denen man es eigentlich nicht erwartet. Oder denken Sie bei Ketchup, Pizza, Erdnussflips oder Konservensuppe an Zucker?

Ohne auch nur einen Gedanken daran zu verschwenden, wird Zucker unwillkürlich von morgens bis abends verzehrt. Leider ohne darüber nachzudenken, was man seiner Gesundheit damit eigentlich zumutet. Dabei ist längst hinreichend bekannt, dass Zucker zu den ungesündesten „Lebensmitteln" unserer Zeit gehört und viele unserer heutigen Zivilisationserkrankungen begünstigt.

Gegner des intensiven Zuckerkonsums verweisen schon lange mit Nachdruck auf den Zusammenhang von Zucker und zahlreichen chronischen Erkrankungen. Auch wenn Zucker nicht immer als direkter Verursacher für die Krankheitsentstehung ausgemacht werden kann, so steht außer Zweifel, dass er sich doch zumindest negativ auf den jeweiligen Krankheitsverlauf auswirkt.

Immer öfter wird inzwischen von Fachleuten auch eingeräumt, dass diverse Krebsarten mit intensivem Zuckerkonsum in Zusammenhang stehen und Krebszellen geradezu explodieren, wenn sie stets mit Zucker „gefüttert" werden.

Noch deutlicher wird der Zusammenhang von erhöhtem Zuckerkonsum und der Entstehung von Krankheiten bei Diabetes, einer Erkrankung, die auch als Zuckerkrankheit bezeichnet wird. Diabetes gilt als unmittelbare Folge eines zu langen und zu intensiven Zuckerverzehrs und ist einer der Hauptauslöser der Polyneuropathie.

Erstaunlich ist auch immer wieder die Beobachtung, dass sich viele gesundheitliche Einschränkungen deutlich verbessern, wenn auf Zucker verzichtet wird. In einigen Fällen kann eine zuckerfreie Ernährungsweise sogar zu einer vollständigen Beseitigung der Gesundheitsprobleme führen, wenn dieser mit einer ausgewogenen vitalstoffreichen Ernährung kombiniert wird.

Trotz dieser Erkenntnisse und bekannten Gefahren für die Gesundheit ist es erstaunlich, dass die meisten Menschen ihren regelmäßigen Zuckerkonsum nicht einschränken.

Bedenklich ist, dass sogar Diabetiker, die einen noch dringenderen Handlungsbedarf haben sollten als ihre gesunden Mitmenschen, auf Zucker zu verzichten, dies oftmals nicht in dem Maße umsetzen, wie es von ihrem Arzt empfohlen wird.

Die Gründe, wie und warum sich Zucker negativ auf die Gesundheit auswirkt, sind vielfältig, einer der wesentlichen ist jedoch, dass er vom Körper sehr schnell in Glukose umgewandelt wird, was zu einem rasanten Anstieg des Blutzuckerspiegels führt.

Um dies zu kompensieren, schüttet die Bauchspeicheldrüse größere Mengen Insulin aus, infolgedessen der Blutzuckerspiegel rapide abfällt. In diesem Moment stellt sich wieder Hunger ein, und das Spiel beginnt von vorn. Wer kennt es nicht, dass man zum Frühstück ein Marmeladentoast isst und schon nach kurzer Zeit einen so großen Hunger verspürt, als hätte das Frühstück gar nicht stattgefunden. Dies hat die fatale Folge, dass der Blutzuckerspiegel Achterbahn fährt und die Bauchspeicheldrüse extrem gefordert wird. Erfolgt ein derartiges Essverhalten über einen langen Zeitraum hinweg, führt dies zu einer erschöpften Bauchspeicheldrüse, was unweigerlich irgendwann in Diabetes mündet.

Unabhängig davon, ob die Polyneuropathie durch Diabetes oder einen anderen Auslöser entstanden ist, sollte der Konsum von Zucker stets sehr kritisch betrachtet und eingeschränkt werden. Dieses Vorhaben ist allerdings für die meisten Menschen alles andere als ein einfaches Unterfangen. Nicht nur die Macht der Gewohnheit hat hier einen großen Einfluss, sondern besonders die psychische und physische Abhängigkeit kommt deutlich zum Vorschein, wenn man die ersten zuckerfreien Tage seines Lebens ausprobiert.

Wem dieser Schritt zur zuckerfreien Ernährungsweise zu schwer fällt, sollte den Konsum zumindest einschränken oder besser noch, auf gesündere Alternativen ausweichen. Zu diesen zählen allerdings nicht die synthetisch hergestellten Süßstoffe wie beispielsweise Aspartam, sondern natürliche Süßungsmittel wie Stevia, Sirup oder Honig.

Besonderes Augenmerk sollte auf die versteckten Zucker in Fertigprodukten gelegt werden. Noch besser wäre zwar ein völliger Verzicht auf Fertigprodukte, aber lässt sich dieser nicht gänzlich umsetzen, dann hilft ein Blick ins Kleingedruckte weiter. Bei genauerer Betrachtung der Zutatenliste gerät man allerdings sehr schnell ins Staunen und nicht selten in die Verzweiflung. Denn wenn man sich mit den Inhaltsstoffen der Fertiggerichte genauer beschäftigt, wird man erstaunt sein, in wie vielen Produkten Zucker enthalten ist, obwohl er von der Sache her hier eigentlich nichts zu suchen hat.

Denn gerade wenn es um eigentlich deftige oder pikante Gerichte geht, erwartet man keinen Zucker, und dennoch ist er auch hier oftmals in großen Mengen enthalten.

Besser ist es ohnehin, seine Mahlzeiten selbst herzurichten, denn dann hat man es in der Hand, welche Inhaltsstoffe verwendet werden und kann dafür sorgen, dass nur naturbelassene Nahrungsmittel zum Einsatz kommen.

Die in diesem Kochbuch enthaltenen Rezepte verwenden keinen herkömmlichen Zucker. Durch eine geschickte Auswahl und Zusammenstellung von bestimmten Lebensmitteln und gegebenenfalls durch Stevia kommt die Lust auf „Süßes" allerdings nicht zu kurz.

Zusatzstoffe

Wenn man sich mit den Inhaltstoffen von industriell hergestellten Lebensmitteln beschäftigt, führt heutzutage kein Weg mehr an den zahlreichen Zusatzstoffen vorbei. Allein in Deutschland gibt es inzwischen mehr als 3.000 zugelassene Zusatzstoffe, die für die Herstellung von Lebensmitteln verwendet werden dürfen. Bedenklich ist, dass von einem großen Teil dieser chemischen Substanzen niemand weiß, was sie eigentlich im Körper bewirken, weder kurzfristig, noch langfristig. Und noch weniger weiß man über die Wechselwirkungen untereinander, was nicht unwichtig ist, denn in vielen Produkten wimmelt es inzwischen nur so von Chemie.

Die meisten Zusatzstoffe werden mit sogenannten E-Nummern gekennzeichnet. Das „E" steht für EU/EG und ist europaweit so vereinheitlicht, dass sie in allen EU-Ländern verwendet werden. Derzeit gibt es über 320 dieser E-Nummern.

Hier verbergen sich die unterschiedlichsten Zusatzstoffe hinter, wie etwa Konservierungsstoffe, Emulgatoren, künstliche Aromen, Farbstoffe, Geschmacksverstärker, Süßungsmittel und Säuerungsmittel.

Besonders Konservierungsstoffen kann man heute im Supermarkt kaum noch entgehen. Wie der Name schon vermuten lässt, werden den Lebensmitteln Konservierungsstoffe zugesetzt, um sie haltbarer zu machen. Hauptsächlich geht es dabei darum, die Lebensmittel vor Bakterien zu schützen, die zum Verderb führen können.

Wenn man sich vorstellt, dass diese Konservierungsstoffe die Entstehung von Bakterien auf Lebensmitteln verhindern sollen, dann kann man sich auch vorstellen, dass diese Substanzen selbiges auch im menschlichen Körper verrichten. Naturheilkundliche Therapeuten verweisen somit nicht ohne Grund darauf, dass Konservierungsstoffe insbesondere in Bezug auf die Darmgesundheit bedenklich seien, denn im gesunden Darm sind viele nützliche Bakterien angesiedelt, die für den menschlichen Organismus unverzichtbar sind, die aber durch den Verzehr von Konservierungsstoffen gefährdet werden. Somit empfiehlt sich insbesondere für Personen mit einer aus der Balance geratenen

Darmflora geraten, auf Lebensmittel zu verzichten, die Konservierungsmittel enthalten.

Die wichtigsten zu vermeidenden Lebensmittel im Überblick

Alkohol
Aspartam
Blätterteiggebäck (z. B. Croissants)
Chips
Cola
Fast Food
fettreiche Lebensmittel (z. B. Speck, frittierte Fischgerichte, Pommes Frites)
gehärtete Fette
Geschmacksverstärker
Glutamat
Kaffee
Koffein
Margarine
Mascarpone
Mayonnaise
Milchprodukte, fettreiche (z. B. Butter, Sahne, Käsesorten mit über 45 % Fett)
Reis, geschält
Softdrinks
Süßigkeiten
Süßstoffe, künstliche
Transfettsäuren
Weißmehlprodukte
Zucker
Zusatzstoffe

Gluten – das unterschätzte Klebereiweiß

Wenn es um den Einfluss der Ernährung bei der Entstehung einer Polyneuropathie geht, darf auch ein Aspekt nicht unbeachtet bleiben, der bislang im Zusammenhang mit der Polyneuropathie noch nicht so sehr in den Fokus gerückt ist. Insbesondere ist dies für Patienten von Bedeutung, bei denen bislang keine klare Ursache für die Entstehung ihrer Erkrankung festgestellt werden konnte.

Die Rede ist von dem sogenannten Gluten, einem Klebereiweiß, das in den meisten Getreidesorten enthalten ist. Weizen und Roggen sind die bekanntesten Lieferanten des Glutens, aber auch Hafer, Dinkel, Gerste und einige andere enthalten dieses Protein. Neben Backwaren ist Gluten auch in Nudeln, Müslis, Konservenprodukten, Soßen und Fleisch- und Wurstwaren anzutreffen.

In den vergangenen Jahren ist Gluten besonders in Zusammenhang mit der Erkrankung Zöliakie bekannt geworden. Hierbei handelt es sich um eine der häufigsten darmassoziierten Krankheiten, bei der es zu einer chronischen Abnahme der Dünndarmzotten und Entzündung der Dünndarmschleimhaut kommt, sobald Gluten verzehrt wird. Folgeerkrankungen sind oftmals nicht zu vermeiden, insbesondere wenn einige Vorkehrungsmaßnahmen nicht ergriffen werden. Diabetes mellitus Typ 1 ist eine sehr häufig vergesellschaftete Begleiterkrankung der Zöliakie.

Doch nicht jeder Mensch, der kein Gluten verträgt, ist zwangsläufig an einer Zöliakie erkrankt. Es gibt eine etwas mildere Variante, bei der ein anderer Mechanismus als bei der Zöliakie zugrundeliegt und als Glutenintoleranz bezeichnet wird. Im Unterschied zur Zöliakie gibt es hierbei individuelle Toleranzgrenzen, sodass bestimmte Mengen Gluten vertragen werden. Es kommt auch nicht zu den Schäden der Darmzotten und Darmschleimhaut, allerdings können sich auch bei der Glutenintoleranz diverse gesundheitliche Beeinträchtigungen zeigen.

Bei den meisten Patienten treten Magen-und Darmprobleme wie Durchfall und Bauchschmerzen auf, aber auch andere Beschwerden wie Kopfschmerzen, Migräne, Müdigkeit, Benommenheit und zahlreiche weitere können in Erscheinung treten. Sogar manifeste Krankheitsbilder sind mittlerweile bekannt, die durch den Verzehr von Gluten entstehen können wie etwa die Schizophrenie, Depressionen, Reizdarm und chronische Müdigkeit.

Auch Neuropathien sehen einige Experten in Verbindung mit Gluten. Diese Erkenntnisse sind noch relativ jung und haben sich noch nicht den Weg in die breite Öffentlichkeit gebahnt. Insofern wird er im medizinischen Praxisalltag bislang kaum berücksichtigt.
Besonders aufschlussreich war in diesem Zusammenhang eine Veröffentlichung im Mai 2003 in der Fachzeitschrift „Neurology", in der zu lesen war, dass

Forscher auf der Basis einer Studie eine mögliche Verbindung von Gluten und Neuropathien sehen. Diese Forscher empfahlen also schon vor 10 Jahren, auch eine Glutenintoleranz als eine mögliche Ursache einer Neuropathie in die Diagnostik einzubeziehen.

Die Praxis zeigt, dass dieser mögliche Zusammenhang bisweilen bei den allermeisten Patienten noch nicht überprüft wird. Das Problem setzt hier quasi schon an der Wurzel an, denn eine Glutenintoleranz ist noch extrem unbekannt und wird im Gegensatz zu einer Zöliakie meistens gar nicht gesucht. Die bei einer Zöliakie relevanten Diagnostik-Methoden laufen bei diesen Patienten ins Leere. Denn wenn eine Zöliakie ausgeschlossen werden kann, wird nicht weiter nach einer Glutenintoleranz gesucht, weil diese in der Schulmedizin bisweilen noch fast gar nicht stattfindet. Das ist erschreckend, wenn man von Schätzungen ausgeht, nach denen in Deutschland bis zu 7 % der Menschen von einer Glutenintoleranz betroffen sind.

Dabei ist es gar nicht schwierig, diese Unverträglichkeit herauszufinden. Es gibt zuverlässige Testmethoden, die sogar als sogenannte Heimtests durch-geführt werden können. Alternativ oder ergänzend ist die Glutenintoleranz auch einfach dadurch festzustellen, indem man eine Weile auf glutenhaltige Lebensmittel verzichtet und beobachtet, ob sich gesundheitliche Verbesserungen einstellen.

Schwieriger erscheint es jedoch, eine Glutenintoleranz als Ursache einer Neuropathie zu diagnostizieren. Einige Fachleute empfehlen daher, bei einer Neuropathie verdachtsweise eine glutenfreie Ernährungsweise auszuprobieren, um zu sehen, ob sich die gesundheitliche Situation verbessert. Selbstexperimente sind bei einer so schwerwiegenden Erkrankung wie der Polyneuropathie allerdings nicht anzuraten. Ein erfahrener Ernährungsberater oder Heilpraktiker, der sich mit Nahrungsmittelintoleranzen auskennt, ist hier sicher ein guter Ansprechpartner. Er wird auch entsprechende Anleitungen geben, damit man lernt, glutenhaltige Lebensmittel zu erkennen.

Die in diesem Buch zusammengestellten Rezepte berücksichtigen eine mögliche Glutenintoleranz nur in begrenztem Rahmen, weil dieses Thema nur einen vergleichsweise kleineren Teil der Polyneuropathie-Patienten betrifft.

Dennoch bestehen sehr viele Rezepte aus glutenfreien Zutaten, insbesondere die Gemüsegerichte, Salate, Suppen und Hauptgerichte.

Tipps

- Bei einer gesundheitsbewussten Ernährungsweise sollte der Verzicht auf Fertiggerichte selbstverständlich sein. Selbst gefertigte Speisen haben nicht nur den großen Vorteil, dass sie den größtmöglichen Nährwert haben und somit über möglichst viele Vitamine, Mineralstoffe etc. verfügen, sondern man weiß auch, was sich tatsächlich darin befindet bzw. nicht enthalten ist, was insbesondere im Hinblick auf Zusatzstoffe von großer Bedeutung ist.

- Stolperfallen, die es einem schwer machen, die guten Vorsätze tatsächlich einzuhalten, sollte man möglichst beseitigen. Stetig sichtbare und einladend wirkende Schalen mit Süßigkeiten sollten vom Wohnzimmertisch verschwinden und durch eine Obst- und Gemüseschale ausgetauscht werden. Auch die abendlichen Fernsehchips sollten der Vergangenheit angehören und durch einen fettreduzierten Joghurt oder grüne Smoothies ausgewechselt werden.

- Bewahren Sie sich davor, zu viel auf einmal erreichen zu wollen. Die hieraus resultierende Überforderung bewirkt letztendlich nur das Gegenteil, indem Sie voller Frust Ihre guten Vorsätze allzu schnell über Bord werfen. Lassen Sie sich die nötige Zeit, damit Sie sich an Ihre neue Ernährungsweise gewöhnen können.

- Bedenken Sie, dass der Mensch ein Gewohnheitstier ist. Da haben sich über viele Jahre hinweg feste Strukturen entwickelt, die man nicht immer so einfach aus dem Weg drängen kann. Sehen Sie Ihre Ernährungsumstellung lieber als einen längerfristigen Prozess an, bei dem Sie Ihr großes Ziel, die gesunde Ernährungsweise, nicht aus dem Auge verlieren.

- Als besonders schwierig erweist sich oftmals die Anfangsphase einer Ernährungsumstellung. Liebgewonnene Lebensmittel und Gewohnheiten müssen womöglich über Bord geworfen werden und Panik kommt auf, weil man sich so hilflos fühlt. Doch mit ein paar Tricks und dem „Gewusst-wie" gelingt es, sich an die neue Ernährungsweise zu gewöhnen. Empfehlenswert sind hier besonders sogenannte „Anstatt-Lebensmittel". Also anstatt eines Schokoriegels isst man nun vielleicht eine Birne, eine Kohlrabi, eine Möhre oder ein Schälchen Himbeeren. Die fettige Wurst wird durch vegetarische Brotaufstriche ersetzt und das fettreiche Fleisch weicht fettarmem Fisch und Geflügel.

- Wer übergewichtig ist, sollte sich ernsthaft bemühen, die Ernährungsweise anzupassen, um die überflüssigen Kilos loszuwerden. Besonders betrifft dies natürlich Diabetiker, aber auch alle anderen übergewichtigen Menschen tragen durch eine Normalisierung ihres Körpergewichts maßgeblich zu ihrer Gesundheit bei. Viele der in diesem Kochbuch vorgestellten Rezepte haben den erfreulichen Nebeneffekt, dass sie aufgrund ihrer ausgewählten Zutaten zu einer Normalisierung des Körpergewichts beitragen.

- Um möglichst viele Antioxidantien in den Speiseplan aufzunehmen, sollten Sie bei jeder sich bietenden Gelegenheit frische Kräuter und bunte Gewürze wie Moringa, Curcuma, Ingwer und Curry verwenden.

- Damit ein regelmäßiger Verzehr von Obst und Gemüse mehrmals täglich gewährleistet werden kann, ist es empfehlenswert, dass diese Lebensmittel im Tagesablauf einen festen Platz bekommen.

Das sollten Sie auch wissen

Die in diesem Kochbuch zusammengestellten Rezepte wurden nach allerbestem Wissen und Gewissen ausgewählt.

Die Rezepte können ohne großen Aufwand nachgekocht werden, sodass keine umfangreichen Vorkenntnisse erforderlich sind. Die meisten der in diesem Buch verwendeten Zutaten sind alltäglich und in Supermärkten und Bioläden erhältlich.

Einige Lebensmittel wie etwa fettreiches Fleisch und bestimmte Fette (z. B. Transfette) kommen in diesem Buch nicht zum Einsatz. Auch auf Zucker wurde gänzlich verzichtet, dennoch kommen die süßen Geschmacksknospen nicht zu kurz. Sei es durch die Verwendung von natürlichen süßlichen Zutaten oder Stevia, einer der gesündesten Möglichkeiten, herkömmlichen Zucker kalorienarm zu ersetzen.

Trotz der mit großem Bedacht zusammengestellten Rezepte bedeutet dieses Kochbuch nicht, quasi einen „Freifahrtschein" für eine tatsächliche Beschwerdefreiheit in den Händen zu halten. Wie Sie selbst zur Genüge wissen, spielen bei einer schwerwiegenden Erkrankung wie der Polyneuropathie viele Faktoren eine Rolle. Eine gezielte Ernährungsweise kann das Krankheitsgeschehen bei sehr vielen Patienten positiv beeinflussen, eine Garantie für einen derart guten Verlauf bedeutet sie jedoch nicht.

Nehmen Sie immer professionelle Hilfe in Anspruch. Erfahrungsgemäß sind viele Ärzte bezüglich Ernährungsfragen keine Experten, sodass es sinnvoll ist, sich mit entsprechenden Fragen an einen erfahrenen Ernährungsberater zu wenden, der sich mit der Polyneuropathie auskennt.

Bedenken Sie außerdem, dass wir als Herausgeber dieses Buches keine Haftung für die Rezepte übernehmen. Somit haftet der Herausgeber auch nicht für mögliche Fehlerteufel, die sich in das ein oder andere Rezept eingeschlichen haben könnten.

Alle in diesem Buch aufgeführten Lebensmittel wurden nach dem aktuellen medizinischen Wissensstand in Bezug auf die Polyneuropathie verwendet.

Zuckerfreies Joghurt-Müsli

Zutaten:

½ Tasse Vollwertmüsli ohne Zucker, je 1 EL Rosinen und geriebene Walnüsse, ½ Apfel, 125 g Naturjoghurt (fettreduziert), 1 EL Zitronensaft, 2 EL grobe Haferflocken

Zubereitung:

Raspeln Sie die geschälte Apfelhälfte und beträufeln Sie diese mit dem Zitronensaft.

Geben Sie den Apfel zusammen mit den restlichen Zutaten in eine Schüssel, und rühren Sie alles gründlich um.

Hirsebrei mit Mandeln

Zubereitung für 2 Portionen:

200 g Hirseflocken, 60 g geriebene Mandeln, 1 EL Mandelmus, 2 EL gehackte Mandeln, Wasser, etwas Zimt

Zubereitung:

Kochen Sie die Hirseflocken in einem mit Wasser gefüllten Topf auf, danach weitere ca. 10 Minuten auf kleiner Stufe köcheln lassen.

Nehmen Sie den Topf von der Platte und lassen Sie den Hirsebrei ca. 15 Minuten aufquellen. Rühren Sie die restlichen Zutaten unter.

Heidelbeer-Müsli

Zutaten:

1 Becher Naturjoghurt (fettreduziert), 3 EL frische Heidelbeeren, 3 EL grobe Haferflocken, 1 EL Buchweizenpops, ¼ TL Steviapulver weiß

Zubereitung:

Waschen Sie die Heidelbeeren und geben Sie diese zusammen mit den weiteren Zutaten in eine Schüssel. Verrühren Sie alles gründlich.

Apfel-Bananen-Müsli

Zutaten für 1 Portion:

100 g Magerquark, 3 EL Sanddornsaft, ½ Apfel, ½ Banane, 1 EL Kokos-flocken, 2 TL Zitronensaft

Zubereitung:

Raspeln Sie die geschälte Apfelhälfte und schneiden Sie die Banane in dünne Scheiben.

Beträufeln Sie das Obst mit etwas Zitronensaft und geben Sie es zusammen mit den weiteren Zutaten in eine Schüssel. Verrühren Sie alles gründlich.

Bananenbrot mit Papaya

Zutaten für 2 Portionen:

2 Scheiben Vollkornbrot, 1 Banane, ¼ Papaya, 1 EL Zitronensaft, 1 EL grobe Haferflocken

Zubereitung:

Drücken Sie die Banane mit einer Gabel klein und beträufeln Sie sie mit dem Zitronensaft.

Bestreichen Sie die Brotscheiben mit dem Bananenbrei.

Entfernen Sie die Schale und Kerne der geviertelten Papaya. Schneiden Sie sie in feine Scheiben und legen Sie diese auf das Brot.

Streuen Sie die Haferflocken darüber.

Joghurt mit Banane

Zutaten für 1 Portion:

1 kleine Banane, 1 Becher Naturjoghurt (fettreduziert), 1 EL grobe Haferflocken, 2 EL Orangensaft

Zubereitung:

Schneiden Sie die geschälte Banane in Scheiben. Vermengen Sie diese mit den restlichen Zutaten.

Kokos-Mango-Müsli

Zutaten für 2 Personen:

50 g geschroteter Dinkel, 1 reife Banane, ½ Mango, 3 Aprikosen, ¼ Ananas, 100 g Magerquark, 1 EL Zitronensaft, 20 ml Kokosmilch, 120 ml Buttermilch, ¼ TL Steviapulver, 2 EL Kokosraspeln

Zubereitung:

Weichen Sie den geschroteten Dinkel in der Milch ein und lassen Sie ihn über Nacht im Kühlschrank aufquellen.

Am nächsten Morgen verrühren Sie den Dinkelschrot mit der Buttermilch, der Kokosmilch und dem Magerquark.

Schneiden Sie die entkernte und geschälte Mango in Würfel, die Banane in Scheiben und die Aprikosen in Viertel. Schneiden Sie die geschälte Ananas in mundgerechte Stücke.

Geben Sie die Obststücke in eine Schüssel und beträufeln Sie diese mit dem Zitronensaft. Rühren Sie die weiteren Zutaten unter.

Papaya-Grapefruit-Joghurt

Zutaten:

1 reife Papaya, ½ Grapefruit, 150 ml Naturjoghurt (fettreduziert), 5 Tropfen Stevia

Zubereitung:

Lösen Sie das Fruchtfleisch mit einem Löffel aus der halben Grapefruit heraus, und schneiden Sie dies in mundgerechte Stücke. Halbieren Sie die geschälte Papaya, löffeln Sie die Kerne heraus. Schneiden Sie das Fruchtfleisch in kleine Würfel.

Vermischen Sie die Obststücke mit dem Joghurt und schmecken Sie mit Stevia ab.

Heidelbeerquark

Zutaten für 2 Portionen:

500 g Magerquark, 150 g frische Heidelbeeren, 1 EL Mandelmus, 2 EL Mandelblätter, 150 ml Heidelbeersaft

Zubereitung:

Verrühren Sie den Magerquark mit dem Heidelbeersaft, Mandelmus und den gewaschenen Heidelbeeren. Dekorieren Sie den Quark vor dem Servieren mit den Mandelblättern.

Auberginencreme

Zutaten:

1 Aubergine, 2 gehackte Knoblauchzehen, 1 EL Limettensaft, 1 EL gehackter Kerbel, 1 EL Leinöl, ½ TL Curcuma, etwas Salz, Pfeffer und Paprika

Zubereitung:

Grillen Sie die mehrfach mit einem Messer eingeritzte Aubergine im vorgeheizten Backofen ca. 20 Minuten. Nach 10 Minuten wenden Sie die Aubergine.

Halbieren Sie die gar gegrillte Aubergine und löffeln Sie das Fleisch heraus. Füllen Sie dies zusammen mit den weiteren Zutaten in eine Schüssel. Pürieren Sie so lange, bis eine cremige Konsistenz erreicht ist.

Avocado-Brotaufstrich

Zutaten:

1 reife Avocado, 2 EL Kresse, 2 EL Zitronensaft, 1 EL fein gehackte Sonnenblumenkerne, ½ TL Curcuma, etwas Petersilie, Salz und Pfeffer

Zubereitung:

Löffeln Sie das Fruchtfleisch aus der halbierten und entkernten Avocado. Zerdrücken Sie dies mit einer Gabel und träufeln Sie den Zitronensaft darüber.

Rühren Sie die restlichen Zutaten unter.

Avocado-Lachs-Creme

Zutaten:

1 reife Avocado, 150 g geräucherter Lachs, ¼ TL Weißweinessig, 1 Staudensellerie, etwas Dill zur Dekoration, Salz und Pfeffer

Zubereitung:

Schneiden Sie den Sellerie in grobe Stücke und den Lachs in Streifen. Entkernen und schälen Sie die halbierte Avocado, und schneiden Sie diese in große Würfel. Geben Sie das Gemüse mit den Gewürzen und Essig in einen Mixer und vermengen Sie so lange, bis eine cremige Konsistenz erreicht ist. Füllen Sie die Creme in ein Schälchen und dekorieren Sie mit Lachs und Dill.

Eier-Brotaufstrich

Zutaten:

70 g Hüttenkäse, ½ reife Avocado, 1 TL fein gehackte Zwiebeln, 1 EL fein gehackter Sellerie, 3 Eier, 1 TL Senf, 1 Prise Salz und Pfeffer

Zubereitung:

Schneiden Sie die hart gekochten Eier und die geschälte und entkernte Avocado in kleine Würfel. Vermengen Sie die weiteren Zutaten und heben Sie die Eier- und Avocado-Würfel unter.

Paprika-Walnuss-Aufstrich

Zutaten:

80 g Walnüsse, 2 rote Paprikaschoten, 1 EL Sesam, 3 EL Semmelbrösel (Vollkorn), 4 EL Sesamöl, 2 TL Tahini (Sesampaste), etwas Wasser, Salz und Paprika

Zubereitung:

Entfernen Sie aus den gewaschenen halbierten Paprikaschoten die Stielansätze, Kerne und Trennwände. Schneiden Sie die Schoten in grobe Stücke.

Geben Sie diese zusammen mit den fein gehackten Walnüssen und den restlichen Zutaten in einen Mixer und zerkleinern Sie alles, bis eine cremige Konsistenz erreicht ist.

Paprikaquark

Zutaten:

250 g Magerquark, 3 Radieschen, 20 ml Buttermilch, 1 EL gehackte Petersilie, ½ rote Paprikaschote, 1 kleine Zwiebel, etwas Paprika

Zubereitung:

Verrühren Sie den Quark mit der Buttermilch. Geben Sie die in Würfel geschnittene Zwiebel und Paprikaschote hinzu. Heben Sie die Petersilie unter.

Schmecken Sie mit etwas Paprika ab und füllen Sie den Quark in eine kleine Schüssel. Dekorieren Sie den Quark mit den gewaschenen und in Scheiben geschnittenen Radieschen.

Kichererbsenaufstrich

Zutaten:

120 g Kichererbsen aus der Dose, 1 EL Sesamöl, ½ TL Kümmel, 30 ml Buttermilch, ½ TL Curcuma, 1 EL Sesampaste, 2 Knoblauchzehen, etwas Salz, Pfeffer und Paprika

Zubereitung:

Spülen Sie die Kichererbsen in einem Sieb ab und lassen Sie sie abtropfen. Füllen Sie die Kichererbsen zusammen mit der Buttermilch, der Sesampaste, dem Sesamöl und dem gepressten Knoblauch in eine Schüssel und pürieren Sie. Schmecken Sie mit den Gewürzen ab.

Rotbarschcreme

Zutaten:

100 g gekochter Rotbarsch, 1 EL Crème fraîche (fettreduziert), 2 EL gekochte Erbsen, 1 EL Zitronensaft, etwas Curcuma, Salz und Pfeffer

Zubereitung:

Zerteilen Sie den gekochten Rotbarsch mit einer Gabel in kleine Stücke. Träufeln Sie den Zitronensaft darüber und vermischen Sie den Fisch mit der Crème fraîche und den gekochten Erbsen. Schmecken Sie mit den Gewürzen ab.

Käseaufstrich mit Pinienkernen

Zutaten:

50 g Pinienkerne, 100 g Schafskäse, 200 g Frischkäse, 20 g Crème fraîche (fettreduziert), 4 Zweige frischer Thymian, 3 Knoblauchzehen, etwas Paprika und Pfeffer

Zubereitung:

Rösten Sie die gehackten Pinienkerne in einer trockenen Pfanne kurz an.

Zupfen Sie die Blätter von den Stielen der gewaschenen Thymianzweige.

Verrühren Sie den Schafs- und Frischkäse mit den Thymianblättern, dem gepressten Knoblauch, Crème fraîche und den Pinienkernen. Schmecken Sie mit Paprika und Pfeffer ab.

Knoblauch-Quarkaufstrich

Zutaten:

100 g Naturjoghurt (fettreduziert), 200 g Magerquark, 1 Bund Schnittlauch, 150 g Schafskäse, 4 Knoblauchzehen, 1 Zwiebel, etwas Weißweinessig, Thymian, Salz und Pfeffer

Zubereitung:

Zerbröseln Sie den Schafskäse und pürieren Sie ihn zusammen mit dem Quark und Joghurt.

Heben Sie die in Würfel geschnittene Zwiebel, den in einer Presse zerdrückten Knoblauch und die Schnittlauchröllchen unter die Quarkmasse.

Schmecken Sie mit den Gewürzen und dem Weißweinessig ab.

Smoothies

Fruchtige Smoothies

Exotisches Smoothie

Zutaten:

1 Mango, 1 Papaya, ¼ Ananas, 1 Maracuja, 1 Stück Ingwer, 50 ml Kokosmilch, 1 EL Kokosflocken

Zubereitung:

Halbieren Sie die Mango, entfernen Sie den Kern und löffeln Sie das Fruchtfleisch aus.

Schneiden Sie die geschälte Ananas in grobe Stücke. Entfernen Sie die Körner aus der geschälten und halbierten Papaya und schneiden Sie grobe Stücke.

Die Maracuja halbieren Sie und löffeln das Fruchtfleisch aus. Raspeln Sie den Ingwer in feine Streifen.

Geben Sie alle Zutaten in einen Mixer, pürieren Sie so lange, bis Sie die gewünschte Konsistenz erreicht haben.

Melonen-Joghurt-Smoothie

Zutaten:

½ Honigmelone, 4 Aprikosen, 1 Apfel, 500 ml Naturjoghurt (fettreduziert), 100 ml Wasser

Zubereitung:

Entfernen Sie die Kerne der geschälten Honigmelone. Entkernen Sie die Aprikosen und den Apfel.

Schneiden Sie das Obst in grobe Stücke und geben Sie diese zusammen mit dem Joghurt und Wasser in einen Mixer. Verrühren Sie alles bis es cremig ist.

Bananen-Birnen-Smoothie

Zutaten:

1 reife Banane, 1 Birne, 1 Apfel, 50 ml Apfelsaft, 1 Stück Ingwer, 100 ml Wasser, 1 TL Mandelmus

Zubereitung:

Schneiden Sie das Obst und den Ingwer in grobe Stücke. Geben Sie diese zusammen mit den weiteren Zutaten in einen Mixer. Pürieren Sie so lange, bis Sie die gewünschte Konsistenz erreicht haben.

Eisbeeren-Smoothie

Zutaten:

1 Banane, je 100 g gefrorene Himbeeren und Heidelbeeren, 1 EL Mandelmus, 250 ml Wasser, 1 Stück Ingwer

Zubereitung:

Schneiden Sie die Banane in große und den Ingwer in kleine Stücke, und geben Sie dies zusammen mit den weiteren Zutaten in einen Mixer. Verrühren Sie gründlich, bis eine cremige Konsistenz erreicht ist.

Powerrot-Smoothie

Zutaten:

3 Knollen Rote Bete, 100 g rote Johannisbeeren, 1 Radicchio, 2 Blutorangen, 200 ml Wasser, 1 EL Mandelmus

Zubereitung:

Schneiden Sie die geschälte Rote Bete und die Blutorange in grobe Stücke und die gewaschenen Radicchioblätter in Streifen. Geben Sie dies zusammen mit den restlichen Zutaten in den Mixer und verrühren Sie ca. 4 Minuten.

Heidelbeer-Smoothie

Zutaten für 2 Portionen:

2 Bananen, 200 g frische Heidelbeeren, 100 ml Heidelbeersaft, 50 ml Wasser

Zubereitung:

Geben Sie die klein geschnittenen Bananen mit den restlichen Zutaten in einen Mixer, und pürieren Sie so lange, bis das Smoothie cremig ist.

Nektarinen-Smoothie

Zutaten:

3 Nektarinen, 2 Birnen, 1 Stück Ingwer, 1 EL Mandelmus, 30 ml Buttermilch

Zubereitung:

Schneiden Sie die entkernten Nektarinen und Birnen in grobe Stücke. Geben Sie diese zusammen mit dem geraspelten Ingwer, Mandelmus und der Buttermilch in einen Mixer. Pürieren Sie alles gründlich.

Bananen-Mandel-Smoothie

Zutaten:

3 reife Bananen, 150 g gehackte Mandeln, 150 ml Sojamilch, 1 EL Mandelmus, 1 Vanilleschote, 1 Prise Zimt

Zubereitung:

Schaben Sie das Mark aus der Vanilleschote und geben Sie dies zusammen mit den weiteren Zutaten in einen Mixer. Pürieren Sie so lange, bis die gewünschte Konsistenz erreicht ist.

Kürbis-Kokos-Smoothie

Zutaten:

200 g Kürbis, 100 ml Kokosmilch, Mark von 1 Vanilleschote, 1 EL Kokosflocken, 50 ml Wasser, 1 TL Mandelmus, 3 Eiswürfel

Zubereitung:

Geben Sie alle Zutaten in einen Mixer, und pürieren Sie so lange, bis eine cremige Konsistenz erreicht ist.

Grüne und pikante Smoothies

Feldsalat mit Spinat

Zutaten:

100 g frischer Spinat, 1 Kohlrabi, 100 g Feldsalat, ½ reife Avocado, 1 TL Mandelmus, 200 ml Wasser, etwas Salz und Pfeffer

Zubereitung:

Schneiden Sie den gewaschenen Spinat in Streifen und den geschälten Kohlrabi in grobe Stücke. Putzen Sie den Feldsalat und löffeln Sie das Fruchtfleisch aus der halbierten und entkernten Avocado. Geben Sie das vorbereitete Gemüse zusammen mit den restlichen Zutaten in den Mixer. Verrühren Sie alles gründlich.

Grüner Salat-Smoothie

Zutaten:

100 g Mangold, 1 kleines Salatherz, je 5 Blätter grüner Salat und Eichblattsalat, 1 TL Leinöl, 1 TL Moringapulver, 200 ml Wasser

Zubereitung:

Schneiden Sie den gewaschenen Salat in Streifen, geben Sie diese zusammen mit den weiteren Zutaten in den Mixer. Vermengen Sie alles gründlich.

Herbstliches Kohl-Smoothie

Zutaten:

1 Kohlrabi, ½ Brokkoli, 4 Rosenkohlkugeln, 5 Blätter Wirsing, 100 g Grünkohl, 200 ml Hafermilch, 1 EL Moringapulver, 1 EL Spirulinaalgen

Zubereitung:

Schneiden Sie den geputzten Rosenkohl in Viertel, den geschälten Kohlrabi in grobe Stücke und das restliche gewaschene Gemüse in Streifen.

Geben Sie dies zusammen mit den weiteren Zutaten in den Mixer. Verrühren Sie so lange, bis eine cremige Konsistenz erreicht ist.

Löwenzahn mit Herz

Zutaten:

eine Handvoll frischer Löwenzahn, 1 kleines Salatherz, je 100 ml Kokosmilch und Wasser, 1 EL Spirulinaalgen, 1 TL Moringapulver

Zubereitung:

Schneiden Sie den gewaschenen Salat und Löwenzahn in Streifen. Geben Sie diese mit den restlichen Zutaten in einen Mixer und pürieren Sie so lange, bis die gewünschte Konsistenz erreicht ist.

Tipp:

Achten Sie beim Sammeln des Löwenzahns darauf, dass Sie diesen nicht an einer stark befahrenen Straße oder anderen mit Schadstoffen belasteten Standorten ernten.

Die jungen Blätter vor der Blütezeit sind weniger bitter als ältere Blätter.

Grünes Kraftpaket

Zutaten:

½ Brokkoli, 1 Salatgurke, ½ grüner Salat, 1 EL Sesamöl, ½ Bund Frühlingszwiebeln, 1 TL Sesamkörner, 1 TL Spirulinaalgen, 100 ml Wasser

Zubereitung:

Waschen Sie die Salatgurke, den Brokkoli, Salat und die Frühlingszwiebeln. Schneiden Sie alles in grobe Stücke und geben Sie diese mit den weiteren Zutaten in einen Mixer.

Pürieren Sie so lange, bis die gewünschte Konsistenz erreicht ist.

Kräuter-Smoothie

Zutaten:

1 kleines Salatherz, 1 Handvoll Mangold, ½ Bund Oregano, ½ Bund Schnittlauch, ½ Bund Petersilie, 1 reife Avocado, 1 EL Spirulinaalgen, 1 EL Guaranapulver, 200 ml Wasser

Zubereitung:

Schneiden Sie den gewaschenen Salat und Mangold in Streifen. Entfernen Sie den Kern aus der halbierten Avocado, und löffeln Sie das Fruchtfleisch aus. Geben Sie alle Zutaten in einen Mixer, und pürieren Sie.

Scharfes Tomaten-Smoothie

Zutaten:

3 Tomaten, 100 g Sellerie, 1 kleine Zwiebel, je 100 ml Tomatensaft und Wasser, 1 Knoblauchzehe, 1 TL Zitronensaft, 2 Spritzer Tabasco, 1 Stück frischer Ingwer, etwas Salz und Pfeffer

Zubereitung:

Schneiden Sie die Tomaten, den Sellerie und die Knoblauchzehe in grobe Stücke. Raspeln Sie den Ingwer fein und schneiden Sie die Zwiebel in Ringe. Geben Sie dies zusammen mit den restlichen Zutaten in einen Mixer und pürieren Sie so lange, bis die gewünschte Konsistenz erreicht ist.

Tomaten-Smoothie mit Rote Bete

Zutaten:

3 Tomaten, 2 Knollen Rote Bete, je 100 ml Tomatensaft und Wasser, 1 Stück Ingwer (fein gerieben), 1 EL Olivenöl, ein Spritzer Tabasco, etwas Pfeffer

Zubereitung:

Schneiden Sie die geschälte Rote Bete in grobe Stücke. Überbrühen Sie die Tomaten mit kochendem Wasser, um die Haut abziehen zu können.

Geben Sie die in Stücke geschnittenen Tomaten zusammen mit den restlichen Zutaten in den Mixer. Pürieren Sie so lange, bis die gewünschte Konsistenz erreicht ist.

Kohlrabi-Salat-Smoothie

Zutaten:

1 Kohlrabi, ¼ Eisbergsalat, 1 EL Spirulinaalgen, etwas Schnittlauch, 2 Blätter Basilikum, ¼ Liter Wasser

Zubereitung:

Pürieren Sie den in Würfel geschnittenen Kohlrabi und den in Streifen geschnittenen Eisbergsalat zusammen mit den weiteren Zutaten.

Smoothie aus dem eigenen Garten

Zutaten:

je 30 g Brennnesseln, Löwenzahnblätter und Brombeerblätter, je 2 Äpfel und Birnen, 300 ml Wasser, 2 EL Mandelmus, 1 EL Leinöl, etwas Schnittlauch

Zubereitung:

Pürieren Sie die gewaschenen Brennnessel-, Löwenzahn- und Brombeerblätter zusammen mit den in Stücke geschnittenen Äpfeln und Birnen sowie den restlichen Zutaten.

Spinat-Sellerie-Smoothie

Zutaten:

250 g frischer Spinat, 2 Kohlrabi, 1 TL Moringapulver, 2 EL frische Kresse, 2 Sellerieknollen, ¼ Liter Wasser

Zubereitung:

Schneiden Sie den geputzten Spinat in Streifen, und pürieren Sie diese zusammen mit dem klein geschnittenen Kohlrabi, dem gewürfelten Sellerie und den restlichen Zutaten in einem Mixer.

Zwischenmahlzeiten von süß bis herzhaft

Spinatwaffeln

Zutaten:

500 g frischer Blattspinat, 180 g Vollkornmehl, 1 Zwiebel, ½ Päckchen Backpulver, 250 ml Reismilch, 2 EL Olivenöl, etwas Curcuma, Moringapulver, Kreuzkümmel, Salz und Pfeffer

Etwas Olivenöl zum Einfetten des Waffeleisens

Zubereitung:

Dünsten Sie den verlesenen und gewaschenen Spinat zusammen mit der fein gehackten Zwiebel in einer mit 2 EL Olivenöl erhitzten Pfanne. Sobald der Spinat zusammenfällt, nehmen Sie ihn von der Kochplatte und lassen ihn abkühlen.

Vermengen Sie das Mehl mit dem Backpulver, der Reismilch und den Gewürzen. Heben Sie den abgekühlten Spinat unter den Teig.

Heizen Sie das Waffeleisen vor und fetten Sie es vor dem Abbacken jeder Waffel ausreichend ein. Pro Waffel geben Sie ca. 3 EL Teig auf das Waffeleisen und backen die Waffeln nacheinander goldbraun.

Kichererbsen mit Joghurt

Zutaten für 2 Portionen:

200 g Kichererbsen aus der Dose (Abtropfgewicht), 250 ml Naturjoghurt (fettreduziert), 1 kleine rote Paprikaschote, 1 TL Sesamkörner, 1 TL Kreuzkümmel, ½ Bund Schnittlauch, je 1 Prise Salz und Pfeffer

Zubereitung:

Lassen Sie die Kichererbsen abtropfen. Schneiden Sie die gewaschene und entkernte Paprika in kleine Stücke. Hacken Sie den Schnittlauch fein. Geben Sie alles in eine Schüssel, fügen Sie den Sesam und Joghurt hinzu und rühren Sie alles gründlich um.

Schmecken Sie mit den Gewürzen ab.

Schnittlauch-Käse-Muffins

Zutaten:

250 g Vollkornmehl, 250 g Frischkäse, 120 ml fettreduzierte Milch, 6 EL Kokosöl, 1 TL Steviapulver, 2 TL Backpulver, 2 Eier, ½ TL Natron, 1 Bund Schnittlauch, 1 Prise Salz

Zubereitung:

Vermengen Sie das Mehl mit dem Backpulver, Natron und Salz.

Verquirlen Sie die Eier in einer separaten Schüssel, geben Sie die Milch, den Frischkäse, 3 EL Kokusöl und Stevia hinzu. Rühren Sie die Mehlmasse und die Hälfte des fein gehackten Schnittlauchs unter.

Füllen Sie den Teig portionsweise jeweils zu ¾ in die mit Öl eingefettete Muffinform.

Backen Sie die Muffins in dem vorgeheizten Backofen ca. 20 Minuten lang bei 180 °C.

Bestreuen Sie die fertig gebackenen Muffins mit dem restlichen Schnittlauch.

Papaya mit Käsequark

Zutaten für 2 Personen:

1 Papaya, 80 g Hüttenkäse, 50 g Magerquark, etwas Wasser, ½ TL Stevia

Zubereitung:

Schneiden Sie die geschälte und entkernte Papaya in Würfel. Verrühren Sie den Hüttenkäse mit dem Quark und etwas Wasser. Heben Sie die Papayawürfel unter, und schmecken Sie mit Stevia ab.

Quark-Haferwaffeln pikant

Zutaten:

100 g Vollkornmehl, 60 g feine Haferflocken, 3 Eier, 50 ml fettreduzierte Milch, 100 g Magerquark, 1 TL Backpulver, ½ TL Moringapulver, je 1 Prise Salz und Pfeffer, Maiskeimöl für das Waffeleisen

Zubereitung:

Vermengen Sie das Backpulver mit dem Mehl und den Haferflocken. Schlagen Sie die Eier mit der Milch schaumig und geben Sie dies zu dem Mehl. Rühren Sie die restlichen Zutaten unter und schmecken Sie mit Salz und Pfeffer ab.

Heizen Sie das Waffeleisen vor. Vor jedem Abbacken bestreichen Sie das Waffeleisen beidseitig dünn mit dem Maiskeimöl. Geben Sie pro Waffel 3 EL Teig auf das Waffeleisen. Backen Sie die Waffeln nacheinander goldbraun.

Kürbis-Muffins

Zutaten:

450 g Kürbis, 250 g Vollkornmehl, 100 ml Reismilch, 1 TL Zimt, 3 EL Erdmandeln, 3 EL Erdmandelöl, 1 Stück Ingwer, 1 TL Natron, ½ Päckchen Backpulver, 2 TL Stevia, 2 EL Olivenöl

Zubereitung:

Vermengen Sie das Mehl mit Zimt, Backpulver, Natron, Stevia und den Erdmandeln.

Halbieren Sie einen mittelgroßen Kürbis und löffeln Sie die Kerne aus. Schneiden Sie das Fruchtfleisch in Würfel und dünsten Sie diese kurz in einem mit Olivenöl erhitzten Topf an.

Pürieren Sie die Kürbiswürfel mit einem Stabmixer und messen Sie 450 g Kürbisfruchtfleisch ab. Geben Sie dieses in eine Schüssel und mixen Sie es mit dem geraspelten Ingwer, dem Erdmandelöl und der Reismilch. Rühren Sie die vorbereitete Mehlmasse unter.

Füllen Sie den Muffinteig jeweils zu ¾ in die eingefetteten Vertiefungen Ihrer Muffin-Backform.

Backen Sie die Muffins ca. 20 Minuten im vorgeheizten Backofen bei 180 °C.

Kohlrabi in Sesam

Zutaten für 2 Portionen:

1 große Kohlrabi, 2 Eier, 8 EL Vollkornmehl, 2 EL Milch, 1 EL Sesamkörner, etwas Olivenöl, Salz und Moringapulver

Zubereitung:

Schneiden Sie den geschälten Kohlrabi in ca. 1,5 cm dicke Scheiben. Blanchieren Sie ihn ca. 5 Minuten in kochendem Wasser.

Verquirlen Sie die Eier, und rühren Sie die Milch, 4 EL Mehl, das Moringapulver, Salz und den Sesam unter.

Breiten Sie das restliche Mehl auf einem großen Teller aus und wenden Sie darin die blanchierten Kohlrabischeiben. Anschließend beidseitig durch den Sesamteig ziehen.

Braten Sie die Kohlrabischeiben in einer mit Olivenöl erhitzten Pfanne von beiden Seiten goldgelb. Lassen Sie vor dem Servieren das Öl gut abtropfen.

Hafer-Frischkäse-Muffin

Zutaten:

150 g feine Haferflocken, 60 g Vollkornmehl, 20 g Frischkäse, 250 ml fettreduzierte Milch, 2 Eier, 2 TL Backpulver, 3 EL Walnussöl, 1 EL fein gehackter Ingwer, 1 Prise Salz

Zubereitung:

Mixen Sie die Haferflocken mit der Milch. Lassen Sie sie 10 Minuten lang aufquellen.

Währenddessen verrühren Sie das Mehl mit dem zerbröselten Frischkäse, Backpulver und Salz.

Rühren Sie 2 EL Walnussöl, die Ingwerstückchen und das Ei unter die Haferflockenmasse.

Geben Sie die Mehlmischung hinzu und rühren Sie so lange, bis ein sämiger Teig entstanden ist.

Füllen Sie den fertigen Teig in eine mit Öl eingefettete Muffinform. Backen Sie die Muffins im vorgeheizten Backofen ca. 20 Minuten lang bei 180 °C.

Kartoffel-Knoblauch-Waffeln

Zutaten:

400 g Pellkartoffeln mehlig kochend, 100 g Vollkornmehl, 3 Eier, 150 g Magerquark, 100 ml Milch (fettreduziert), 150 ml Wasser, 2 Zucchini, 4 Knoblauchzehen, ½ TL Curcuma, je 1 Prise Salz und Pfeffer

Etwas Olivenöl zum Einfetten des Waffeleisens

Zubereitung:

Kochen Sie die ungeschälten Kartoffeln als Pellkartoffeln gar. Gießen Sie das Wasser ab und ziehen Sie die Schale ab. Schneiden Sie die geputzten Zucchinis in Scheiben und kochen Sie diese gar. Pürieren Sie die abgekühlten Kartoffeln und Zucchinischeiben zusammen mit dem fein gehackten Knoblauch.

Geben Sie die Eier, den Quark, die Milch und das Wasser in eine Schüssel und verrühren Sie dies mit einem Mixer. Unter stetigem Rühren geben Sie das Mehl, das vorbereitete Gemüse und die Gewürze hinzu.

Heizen Sie das Waffeleisen vor und fetten Sie es vor dem Abbacken jeder Waffel ausreichend ein. Pro Waffel geben Sie ca. 3 EL Teig auf das Waffeleisen und backen die Waffeln nacheinander goldbraun.

Äpfel mit geschlagener Sahne

Zutaten:

300 g Äpfel, 100 ml Sahne (fettreduziert), 5 EL Sanddornsaft, 4 Tropfen Stevia, 1 EL Zitronensaft

Zubereitung:

Schneiden Sie die geviertelten und entkernten Äpfel in kleine Würfel und träufeln Sie etwas Zitronensaft darüber.

Schlagen Sie die Sahne steif und verrühren Sie diese mit Stevia und Sanddornsaft. Heben Sie die Apfelstückchen unter und lassen Sie alles 30 Minuten im Kühlschrank abkühlen, bevor Sie servieren.

Mozzarella auf Rührei

Zutaten für 2 Portionen:

3 Eier, 1 Mozzarella, 8 Cocktail-Tomaten, 1 EL Olivenöl, 1 EL grüne entkernte Oliven, etwas Schnittlauch, Salz und Pfeffer

Zubereitung:

Verquirlen Sie die Eier mit Salz und Pfeffer und gießen Sie dies in eine mit Olivenöl erhitzte Pfanne.

Schneiden Sie den abgetropften Mozzarella in Scheiben und die gewaschenen Tomaten und die Oliven in Würfel.

Verteilen Sie die Mozzarella-Scheiben auf der Eimasse. Sobald der Käse geschmolzen ist, streuen Sie die Tomaten-Würfel und die Oliven darüber.

Lassen Sie das Rührei auf niedriger Stufe ziehen.

Verteilen Sie das Rührei auf 2 Teller, dekorieren Sie mit dem Schnittlauch.

Überbackenes Lachsbrot

Zutaten:

3 Scheiben Vollkorntoast, 150 g geräucherter Lachs, ¼ TL getrocknete Zwiebeln, 1 Tomate, 3 Scheiben Gouda, 1 TL Crème fraîche (fettreduziert), 1 Prise Pfeffer

Zubereitung:

Geben Sie den in Stücke geschnittenen Lachs, die getrockneten Zwiebeln, Crème fraîche und den Pfeffer in eine Schüssel und vermengen Sie dies.

Verteilen Sie die Lachs-Mischung auf die 3 Toast-Scheiben, legen Sie die Tomatenscheiben und den Käse darauf.

Backen Sie die Toasts im vorgeheizten Backofen ca. 10 Minuten bis der Käse geschmolzen ist.

Gurken-Quark pikant

Zutaten für 2 Personen:

350 g Magerquark, 1 kleine Gurke, ½ TL Moringapulver, 3 Knoblauchzehen, Saft von ½ Zitrone, je 1 Prise Paprika, Salz und Pfeffer

Zubereitung:

Schaben Sie die Kerne mit einem Löffel aus der geschälten und halbierten Gurke heraus. Raspeln Sie die Gurkenhälften und drücken Sie die Raspeln aus. Vermengen Sie den Zitronensaft mit dem Quark, Moringapulver, gepressten Knoblauch und den Gewürzen. Rühren Sie die Gurkenraspeln unter. Bis zum Verzehr bewahren Sie den Quark im Kühlschrank auf.

Quark mit Pinienkernen

Zutaten für 2 Personen:

350 g Magerquark, 50 g Pinienkerne, 3 EL grobe Haferflocken, je 2 EL Wasser und Apfelsaft, ½ TL Steviapulver (weiß)

Zubereitung:

Hacken Sie die Pinienkerne grob und geben Sie die Hälfte davon zusammen mit den anderen Zutaten in eine Schüssel. Verrühren Sie gründlich und verteilen Sie den Quark auf 2 Dessertschalen. Dekorieren Sie mit den restlichen Pinienkernen.

Joghurt mit Johannisbeeren

Zutaten für 2 Portionen:

300 g Naturjoghurt (fettreduziert), 100 g rote Johannisbeeren, 3 EL grobe Haferflocken, 1 EL Mandelblättchen, 1 Eigelb, ½ TL Steviapulver (weiß)

Zubereitung:

Geben Sie alle Zutaten bis auf die Mandelblättchen in eine Schüssel, und verrühren Sie alles gründlich. Bestreuen Sie den fertigen Quark mit den Mandelblättchen.

Vanillequark mit Stachelbeeren

Zutaten für 2 Portionen:

350 g Magerquark, 200 g Stachelbeeren, 2 EL Apfelsaft, 20 ml Wasser, Mark von ½ Vanilleschote 1 TL Steviapulver (weiß)

Zubereitung:

Halbieren Sie die entstielten und gewaschenen Stachelbeeren. Legen Sie eine Handvoll zur Seite und geben Sie die anderen zusammen mit den weiteren Zutaten in eine Schüssel und verrühren alles. Verteilen Sie den fertigen Quark auf 2 Dessertschalen und dekorieren Sie mit den restlichen Stachelbeeren.

Linsensuppe

Zutaten für 4 Portionen:

180 g getrocknete Linsen, 3 Möhren, 2 Frühlingszwiebeln, 2 Zwiebeln, 2 Knoblauchzehen, 1 Suppenwürfel, etwas Curcuma, Salz und Pfeffer

Zubereitung:

Weichen Sie die Linsen 12 Stunden in kaltem Wasser ein.

Schneiden Sie die geputzten Möhren in dünne Scheiben und die Frühlingszwiebeln in feine Streifen. Geben Sie dies zusammen mit den gehackten Zwiebeln und Knoblauchzehen in einen großen Suppentopf. Gießen Sie die Linsen mit dem Einweichwasser hinzu.

Lassen Sie die Suppe kurz aufkochen, dann im zugedeckten Topf ca. 1,5 Stunden auf niedriger Stufe köcheln lassen.

Die Suppe ist fertig, wenn die Linsen weich und mehlig sind.

Schmecken Sie mit den Gewürzen ab.

Grüne Spargelsuppe

Zutaten:

500 g frischer grüner Spargel, 50 g Vollkornmehl, 30 g Butter, 50 ml fettreduzierte Sahne, 1 TL Stärkemehl, 2 Eigelb, etwas Kerbel, je 1 Prise Salz, Pfeffer und Muskatnuss

Zubereitung:

Schneiden Sie den geschälten Spargel in ca. 2 cm lange Stücke.

Kochen Sie den Spargel in Salzwasser gar. Gießen Sie den Sud ab und fangen Sie diesen durch ein Sieb auf.

Erhitzen Sie die Butter in einem separaten Topf und geben Sie das Mehl hinzu. Gießen Sie allmählich ungefähr ¾ Liter Spargelsud hinzu. Damit sich keine Klümpchen bilden, verrühren Sie die Suppe stetig mit einem Schneebesen. Rühren Sie dann das Eigelb unter.

Rühren Sie das Stärkemehl in die Sahne ein, lassen Sie kurz andicken. Geben Sie die Spargelstücke in die Suppe und heben Sie die Sahne unter.

Schmecken Sie mit etwas Salz, Pfeffer und Muskatnuss ab.

Bestreuen Sie die Suppe vor dem Servieren mit dem fein gehackten Kerbel.

Cremige Gemüse-Kräutersuppe

Zutaten:

500 g mehlig kochende Kartoffeln, je 100 g Brokkoli, Romanesco und Porree, 2 Zwiebeln, 1,2 Liter Gemüsebrühe, je ½ TL Moringapulver und Löwenzahnpulver, 1 EL Crème fraîche (fettreduziert), 2 Stängel Kerbel, etwas Thymian, Salbei, Rosmarin, Salz und Pfeffer

Zubereitung:

Schälen und waschen Sie die Kartoffeln und das Gemüse. Schneiden Sie die Kartoffeln und Zwiebeln in Würfel, den Brokkoli und Romanesco in Röschen und den Porree in Ringe.

Kochen Sie die Gemüsebrühe auf, rühren Sie das vorbereitete Gemüse und die Gewürze unter. Garen Sie die Suppe ca. 20 Minuten im geschlossenen Topf.

Pürieren Sie die Suppe mit einem Stabmixer, heben Sie das Crème fraîche unter und kochen Sie nochmal kurz auf.

Streuen Sie vor dem Servieren den fein gehackten Kerbel über die Suppe.

Gemischte Pilzsuppe

Zutaten:

je 100 g frische Champignons, Steinpilze und Pfifferlinge, 1 Zwiebel, 1 Liter Wasser, 50 g Vollkornmehl, 4 EL Olivenöl, 1 EL Crème fraîche (fettreduziert), etwas Kerbel, Salz und Pfeffer

Zubereitung:

Dünsten Sie die geputzten und in Stücke geschnittenen Pilze und die in Würfel geschnittene Zwiebel in einem mit Olivenöl erhitzten Topf an. Geben Sie Mehl, Wasser, Salz und Pfeffer hinzu.

Kochen Sie die Suppe kurz auf und lassen Sie sie anschließend ca. 10 Minuten auf niedriger Stufe köcheln. Rühren Sie das Crème fraîche unter. Vor dem Servieren bestreuen Sie die Suppe mit dem klein gehackten Kerbel.

Cremige Kürbis-Möhrensuppe

Zutaten für 2 Portionen:

300 g Kürbisfleisch, 3 Möhren, 1 Kartoffel, 375 ml Gemüsebrühe, 2 EL Crème fraîche (fettreduziert), 1 Stück Ingwer (daumengroß), 1 Zwiebel, 2 Knoblauchzehen, 1 EL Olivenöl, 2 EL geröstete Pinienkerne, je 1 Prise Curcuma, Salz und Pfeffer

Zubereitung:

Entfernen Sie die Kerne aus dem gewaschenen und entkernten Kürbis und schneiden Sie das Fruchtfleisch in Würfel. Putzen Sie die Möhren und Kartoffel und würfeln Sie auch diese.

Hacken Sie die Zwiebel, Knoblauchzehen und den Ingwer fein und dünsten Sie dies in einem mit Olivenöl erhitzten Topf an. Geben Sie das vorbereitete Gemüse hinzu und rühren Sie die Gemüsebrühe unter. Garen Sie die Suppe ca. 15 Minuten.

Rösten Sie die Pinienkerne ohne Fett an.

Pürieren Sie die Suppe mit einem Stabmixer. Schmecken Sie mit dem Crème fraîche und den Gewürzen ab. Richten Sie die Suppe auf 2 Tellern an, streuen Sie die Pinienkerne darüber.

Fisch-Gemüsesuppe

Zutaten:

700 g Fischfilet (z. B. Rotbarsch, Kabeljau), je 250 g Lauch, Kartoffeln, Zwiebeln und Möhren, 750 ml Gemüsebrühe, 1 TL Moringapulver, 3 Knoblauchzehen, 4 EL Olivenöl, etwas Salz, Pfeffer

Zubereitung:

Dünsten Sie die Zwiebel- und Lauchringe in einem mit Olivenöl erhitzten Topf an. Geben Sie die gewürfelten Kartoffeln, Möhren, Knoblauchzehen und das Moringapulver hinzu. Rühren Sie die Brühe unter, lassen Sie kurz aufkochen und lassen Sie dann auf niedriger Stufe ca. 10 Minuten lang köcheln.

Würzen Sie den vorbereiteten Fisch mit Zitronensaft und Salz. Schneiden Sie ihn in mundgerechte Stücke. Geben Sie diese in die Suppe und garen Sie weitere ca. 20 Minuten. Schmecken Sie mit Salz und Pfeffer ab.

Wildkräutersuppe

Zutaten:

250 g frische Wildkräuter, 150 g Naturjoghurt (fettreduziert), ½ Liter Gemüsebrühe, 2 EL Vollkornmehl, 1 Zwiebel, 1 EL Olivenöl, etwas Salz

Zubereitung:

Reinigen Sie die Wildkräuter, lassen Sie sie gut abtropfen und hacken Sie sie klein. Dünsten Sie die klein geschnittene Zwiebel in einem mit Olivenöl erhitzten Topf an.

Rühren Sie die Wildkräuter unter, schwitzen Sie diese kurz an und füllen Sie die Gemüsebrühe auf. Lassen Sie die Suppe ca. 7 Minuten bei mittlerer Hitze köcheln.

Mixen Sie die Suppe mit einem Pürierstab, und binden Sie mit dem Mehl. Rühren Sie den Joghurt unter, erhitzen die Suppe nochmals kurz.

Schmecken Sie mit etwas Salz ab.

Gemüsesuppe mit Pilzen

Zutaten:

500 g Kartoffeln, je 100 g frische Champignons und Steinpilze, 1 Liter Gemüsebrühe, 1 Zwiebel, 2 Knoblauchzehen, 1 TL Curcuma, etwas Olivenöl, Dill, Salz und Pfeffer

Zubereitung:

Schneiden Sie die geschälten und gewaschenen Kartoffeln in Würfel. Geben Sie diese zusammen mit den Gewürzen in die aufgekochte Gemüsebrühe.

Kochen Sie die Suppe in geschlossenem Topf auf mittlerer Stufe ca. 20 Minuten. Entnehmen Sie 3 EL der gar gekochten Kartoffelwürfel und pürieren Sie die restliche Suppe mit einem Stabmixer.

Dünsten Sie die in Würfel geschnittene Zwiebel mit dem klein gehackten Knoblauch in einem mit Öl erhitzten Topf an.

Putzen Sie die Pilze und schneiden Sie sie in dünne Scheiben. Geben Sie diese zu den Zwiebeln und garen Sie weitere 5 Minuten. Rühren Sie die Pilz-Zwiebelmischung zusammen mit den Kartoffelwürfeln in die Suppe ein. Schmecken Sie mit den Gewürzen ab.

Bestreuen Sie die Suppe vor dem Servieren mit dem fein gehackten Dill.

Kichererbsen-Brokkoli-Suppe

Zutaten für 3 Portionen:

180 g getrocknete Kichererbsen, 200 g Brokkoli, 1 Zwiebel, 500 ml Wasser, 500 ml Gemüsebrühe, 1 EL Crème fraîche (fettreduziert), ½ TL Curcuma, etwas Salz und Pfeffer

Zubereitung:

Lassen Sie die Kichererbsen über Nacht in Wasser einweichen und schütten Sie das Einweichwasser am nächsten Tag weg.

Geben Sie die Kichererbsen in einen Kochtopf und füllen Sie diesen mit der Gemüsebrühe auf. Kochen Sie die Kichererbsen auf, schöpfen Sie den weißen Schaum an der Oberfläche ab und lassen Sie weitere 90 Minuten im zugedeckten Topf auf niedriger Stufe köcheln.

Geben Sie nach ca. 45 Minuten die gewaschenen und klein geschnittenen Brokkoliröschen und die fein gehackte Zwiebel hinzu. Kochen Sie weitere 45 Minuten bei schwacher Hitze.

Schöpfen Sie 3 EL Kichererbsen ab, legen Sie diese beiseite. Pürieren Sie die Suppe, bis die gewünschte Konsistenz erreicht ist. Erhitzen Sie die Suppe, rühren Sie das Crème fraîche und die restlichen Kichererbsen unter und schmecken Sie mit den Gewürzen ab.

Gazpacho

Zutaten für 2 Personen:

4 Tomaten, ½ Salatgurke, ½ Zwiebel, 1 rote Paprikaschote, 3 Knoblauchzehen, 100 ml Gemüsebrühe, 1 EL Olivenöl, etwas Salz und Pfeffer

Zubereitung:

Überbrühen Sie die Tomaten mit heißem Wasser und ziehen Sie die Schale ab. Schneiden Sie sie in Viertel, entfernen Sie die Kerne.

Schälen Sie die halbe Gurke, entfernen Sie die Kerne. Schneiden Sie die Gurke in grobe Stücke. Entkernen Sie die geschälte Paprikaschote und schneiden Sie diese in Streifen. Hacken Sie die Zwiebel und Knoblauchzehen fein. Geben Sie alle Zutaten in einen Mixer, pürieren Sie so lange, bis die gewünschte Konsistenz erreicht ist. Schmecken Sie mit Salz und Pfeffer ab.

Die Suppe wird kalt serviert.

Kartoffel-Mandelsuppe püriert

Zutaten:

400 g Kartoffeln, 50 g gemahlene Mandeln, 80 ml Mandelmus, 1 große Zwiebel, 1 Liter Gemüsebrühe, 2 EL Mandelblätter, Saft von 1 kleinen Zitrone, 1 EL Olivenöl, etwas Schnittlauch, etwas Curcuma, Salz und Pfeffer

Zubereitung:

Dünsten Sie die in Würfel geschnittene Zwiebel in einem mit Olivenöl erhitzten Topf an. Geben Sie die geschälten und in Würfel geschnittenen Kartoffeln, die gemahlenen Mandeln und das Mandelmus hinzu und gießen Sie die Gemüsebrühe unter stetigem Rühren hinzu.

Kochen Sie die Suppe ca. 25 Minuten auf mittlerer Stufe. Rühren Sie den Zitronensaft und die Gewürze unter und pürieren Sie die Suppe mit einem Stabmixer. Vor dem Servieren dekorieren Sie die Suppe mit dem Schnittlauch und den Mandelblättern.

Gemischter Gemüseauflauf

Zutaten:

je 250 g frischer Spinat, Lauch und Brokkoli, 20 g Butter, 250 ml fettreduzierte Milch, 200 g geriebener Gouda, 40 g Vollkornmehl, etwas Olivenöl, je 1 Prise Paprika, Muskat, Salz und Pfeffer

Zubereitung:

Schneiden Sie das gewaschene Gemüse in mundgerechte Stücke und geben Sie diese in Salzwasser. Kochen Sie kurz auf und garen Sie dann ca. 15 Minuten.

Aus dem Mehl und der Butter bereiten Sie eine helle Schwitze. Löschen Sie mit etwas Gemüsewasser und der Milch ab. Rühren Sie den Käse und die Gewürze unter.

Füllen Sie das gar gekochte Gemüse in eine mit dem Olivenöl eingefettete Auflaufform. Gießen Sie die Soße darüber.

Backen Sie den Gemüseauflauf ca. 25 Minuten im vorgeheizten Backofen bei 180 °C.

Gefüllte Champignons

Zutaten für 2 Portionen:

8 große Champignons, 1 Tomate, 20 g geriebener Emmentaler, 2 Knoblauchzehen, 1 kleine Zwiebel, 1 TL gehackte Pinienkerne, 3 EL grobe Haferflocken, 2 EL Olivenöl, 1 TL Sesamkörner, ½ TL Curcuma, etwas Salz, Pfeffer, Paprika und Butter

Zubereitung:

Schneiden Sie die Stiele aus den geputzten Champignons heraus. Hacken Sie die Stiele, den Knoblauch und die Zwiebel klein. Dünsten Sie dies zusammen mit den Pinienkernen, Haferflocken und dem Sesam in einem mit 1 EL Olivenöl erhitzten Topf an.

Schneiden Sie die Tomate in kleine Würfel und geben Sie diese und die Gewürze in den Topf.

Bestreichen Sie die Champignonköpfe von außen mit etwas Butter. Setzen Sie sie in eine mit Olivenöl eingefettete Auflaufform und verteilen Sie die Füllung in die Champignonköpfe. Streuen Sie den Emmentaler darüber. Backen Sie die Champignons ca. 10 Minuten bei 180 °C im vorgeheizten Backofen.

Gemischtes Rohkost-Gemüse

Zutaten:

50 g Brokkoli, 1 Zucchini, 8 Radieschen, 1 gelbe Paprika, 2 Möhren, ½ Zitrone, 2 EL fein gehackter Schnittlauch, etwas Leinöl, je 1 Prise Salz und Pfeffer

Zubereitung:

Schneiden Sie den gewaschenen Brokkoli in kleine Röschen. Waschen Sie das restliche Gemüse, entfernen Sie die grünen Enden und raspeln Sie alles fein.

Für die Soße verrühren Sie den Zitronensaft mit dem Leinöl, Salz und Pfeffer.

Geben Sie das gemischte Gemüse in eine Schüssel, heben Sie die Soße unter und dekorieren Sie mit dem Schnittlauch.

Gefüllte Zucchini mit Pilzen und Fetakäse

Zutaten für 2 Portionen:

2 mittelgroße Zucchini, 40 g frische Shiitakepilze, 50 g Fetakäse, 2 Knoblauchzehen, 1 EL Tomatenmark, 1 kleine Tasse Wasser, 1 EL gehackte Pinienkerne, etwas Olivenöl, je ½ TL Curcuma und Moringapulver, je 1 Prise Salz und Pfeffer, Parmesankäse zum Bestreuen

Zubereitung:

Höhlen Sie das Fruchtfleisch aus den in vier Längshälften geschnittenen Zucchini.

Schneiden Sie die geputzten Shiitakepilze in grobe Stücke und vermengen Sie diese zusammen mit dem klein gehackten Zucchini-Fruchtfleisch und dem zerbröselten Fetakäse. Rühren Sie den fein gehackten Knoblauch, die Pinienkerne, das Tomatenmark, Wasser, Curcuma und Moringapulver unter. Schmecken Sie mit Salz und Pfeffer ab.

Geben Sie die Füllung in die ausgehöhlten Zucchini-Hälften, streuen Sie den geriebenen Parmesankäse darüber und legen Sie die die gefüllten Zucchinis in eine mit Olivenöl eingefettete Auflaufform.

Stellen Sie die Auflaufform in den nicht vorgeheizten Backofen und backen Sie ca. 20 Minuten bei 180 °C.

Tipp:
Wenn Sie keine frischen Shiitake-Pilze kaufen können, nehmen Sie stattdessen 20 g getrocknete Shiitake-Pilze.

Linsen-Spinat-Mix

Zutaten:

200 g frischer Spinat, 200 g Linsen, 1 große Zwiebel, 500 ml Gemüsebrühe, 300 ml Milch (fettreduziert), 1 EL Crème fraîche (fettreduziert), 2 EL fein gehackte Walnüsse, 2 EL Olivenöl, ½ TL Curcuma, ½ TL Moringapulver, 2 Knoblauchzehen, etwas Salz und Pfeffer

Zubereitung:

Kochen Sie die Linsen gar und lassen Sie sie gut abtropfen. Schneiden Sie den geputzten und gewaschenen Spinat in Streifen, die Zwiebeln und Knoblauchzehen in Würfel.

Dünsten Sie die Zwiebel- und Knoblauchwürfel in dem mit Olivenöl erhitzten Topf glasig. Geben Sie die weiteren Zutaten hinzu und lassen Sie alles ca. 15 Minuten auf mittlerer Stufe kochen.

Kichererbsen-Bratlinge

Zutaten:

500 g Kichererbsen aus der Dose (Abtropfgewicht), 3 mittelgroße Kartoffeln, 30 g Kichererbsenmehl, 1 Zwiebel, 3 Knoblauchzehen, ½ Bund Petersilie, etwas Wasser, Thymian, Kreuzkümmel, Salz, Pfeffer und Olivenöl

Zubereitung:

Kochen Sie die geschälten Kartoffeln in Salzwasser gar. Spülen Sie die Kichererbsen in einem Sieb ab und lassen Sie sie abtropfen. Geben Sie sie zusammen mit den gekochten und in grobe Stücke geschnittenen Kartoffeln in einen Topf und pürieren Sie mit einem Stabmixer.

Rühren Sie das Kichererbsenmehl, die Zwiebel- und Knoblauchwürfel, die fein gehackte Petersilie und die Gewürze unter. Geben Sie Wasser hinzu, wenn die Konsistenz zu fest ist.

Formen Sie portionsweise mit einem Esslöffel Bratlinge. Braten Sie diese beidseitig in einer mit Olivenöl erhitzten Pfanne gar.

Möhren-Champignon-Gemüse

Zutaten für 2 Portionen:

250 g Möhren, 150 g frische Champignons, 1 kleine Zucchini, 150 ml Gemüsebrühe, 1 Frühlingszwiebel, 2 Knoblauchzehen, 1 TL Moringapulver, 1 EL Crème fraîche (fettreduziert), 1 EL Olivenöl, etwas Salz und Pfeffer

Zubereitung:

Schneiden Sie die abgeschabten und gewaschenen Möhren, die Zucchini und die geputzten Champignons in Scheiben. Dünsten Sie das vorbereitete Gemüse in einer mit Olivenöl erhitzten Pfanne an.

Gießen Sie die Gemüsebrühe darüber, geben Sie die fein gehackten Knoblauchzehen hinzu und lassen Sie ca. 10 Minuten lang köcheln.

Rühren Sie die in Ringe geschnittene Frühlingszwiebel, Crème fraîche und das Moringapulver unter. Schmecken Sie mit etwas Salz und Pfeffer ab.

Grüner Spargel mit Käsesahnesoße

Zutaten:

700 g grüner Spargel, 1 Ecke Kräuterkäse, 250 ml Wasser, je 20 g Vollkornmehl und raffiniertes Weizenmehl, 20 g Butter, 50 g geriebener Emmentaler, 125 ml Sahne (fettreduziert), 1 Eigelb, eine Handvoll Schnittlauch, etwas Salz

Zubereitung:

Kochen Sie den geschälten Spargel in gesalzenem Wasser ca. 20 Minuten gar. Nehmen Sie den Spargel aus dem Wasser und stellen Sie ihn warm.

Bereiten Sie aus der Butter und dem Mehl eine helle Schwitze. Löschen Sie diese mit etwas Spargelwasser ab, rühren Sie die Sahne, das Eigelb und den Käse unter.

Richten Sie den Spargel auf vorgewärmten Tellern an, verteilen Sie die Soße und die Schnittlauchröllchen darüber, und servieren Sie sofort.

Auberginen-Gemüse mit Paprika und Tomaten

Zutaten:

1 Aubergine, 2 Tomaten, 1 Zucchini, 1 Paprikaschote, 1 Zwiebeln, 3 Knoblauchzehen, etwas Balsamico-Essig, Olivenöl und Salz

Zubereitung:

Schneiden Sie die gewaschene und entstielte Aubergine in Scheiben. Salzen Sie diese ganz leicht und braten Sie sie in einer mit Olivenöl erhitzten Pfanne an. Legen Sie die Auberginenscheiben auf ein Sieb zum Abtropfen.

Schneiden Sie die Zucchini, die entkernte Paprikaschote, die Tomaten und die Zwiebel in Scheiben. Dünsten Sie diese in einem mit Olivenöl erhitzten Topf an.

Legen Sie die Auberginenscheiben und das restliche Gemüse abwechselnd schichtweise in eine mit Olivenöl eingefettete Auflaufform. Streuen Sie den fein gehackten Knoblauch darüber. Beträufeln Sie mit dem Balsamico-Essig.

Lassen Sie das Gemüse ziehen, gießen Sie nach einiger Zeit den Saft ab.

Stellen Sie das Gemüse dann in den Kühlschrank, lassen Sie es weitere ca. 2 Stunden ziehen.

Das Gemüse wird kalt serviert.

Gemüsepfanne mit Käse überbacken

Zutaten:

250 g Brokkoli, 250 g Blumenkohl, 400 g Kartoffeln, 200 g Möhren, 2 Zwiebeln, 200 g Zucchini, 2 EL Sesamkörner, 5 EL geriebener Emmentaler (fettreduziert), ½ TL Moringapulver, ½ TL Curcuma, 300 ml Gemüsebrühe, etwas Olivenöl, Salz und Pfeffer

Zubereitung:

Schneiden Sie den Brokkoli und Blumenkohl in Röschen, die geschälten Kartoffeln, Zucchini, Möhren und Zwiebeln in Würfel. Geben Sie alles in eine mit Olivenöl erhitzte Pfanne und gießen Sie dies mit der Gemüsebrühe auf.

Sobald das Gemüse bissfest ist, rühren Sie die Sesamkörner, Moringapulver, Curcuma, Salz und Pfeffer unter. Verteilen Sie den Käse darüber und servieren Sie, wenn der Käse geschmolzen ist.

Brokkoli mit Knoblauchquark

Zutaten:

500 g Brokkoli, 100 g Magerquark, 4 Knoblauchzehen, 2 EL Sahne (fettreduziert), 2 hart gekochte Eier, 2 EL Limettensaft, 2 EL Olivenöl, 100 ml Wasser, je eine Prise Salz und Pfeffer

Zubereitung:

Waschen Sie die Brokkoliröschen, und geben Sie diese zusammen mit 1 EL Limettensaft und dem Olivenöl in kochendes Salzwasser. Kochen Sie den Brokkoli in ca. 10 Minuten bissfest. Lassen Sie ihn abtropfen und etwas abkühlen.

Verquirlen Sie den Quark mit dem restlichen Limettensaft, dem Wasser, dem zerdrückten Knoblauch und der Sahne. Schmecken Sie mit Salz und Pfeffer ab.

Schneiden Sie die hart gekochten Eier in kleine Würfel. Streuen Sie diese über den angerichteten Brokkoli.

Kartoffel-Auflauf mit Pfifferlingen

Zutaten:

500 g Kartoffeln, 200 g frische Pfifferlinge, 10 g Vollkornmehl, 180 ml Gemüsebrühe, 1 Zwiebel, 1 Ei, 3 EL Olivenöl, 60 ml Buttermilch, 50 g geriebener Gouda (fettreduziert), 1 Stängel Petersilie, ½ TL Curcuma, etwas Salz und Paprika

Zubereitung:

Schneiden Sie die gar gekochten Kartoffeln in Scheiben, die Zwiebel in Würfel und die geputzten Pfifferlinge in Stücke.

Dünsten Sie die Zwiebelwürfel und Pilzstücke in einem mit 2 EL Olivenöl erhitzten Topf an. Rühren Sie nach 5 Minuten das Mehl und die Gemüsebrühe unter. Schmecken Sie mit Curcuma, Salz und Paprika ab.

Füllen Sie die Hälfte der Kartoffelscheiben in eine mit Olivenöl eingefettete Auflaufform. Verteilen Sie die Pilzmischung darüber und decken Sie diese mit den restlichen Kartoffelscheiben ab.

Für die Soße vermengen Sie das Ei mit der Buttermilch und etwas Salz. Gießen Sie die Soße über die Kartoffeln und streuen Sie den geriebenen Gouda darüber.

Backen Sie den Auflauf ca. 25 Minuten im vorgeheizten Backofen bei 180 °C. Dekorieren Sie vor dem Servieren mit der Petersilie.

Pilze überbacken

Zutaten:

je 120 g frische Champignons und Steinpilze, 2 Eier, 5 EL Buttermilch, 1 dicke Scheibe Schinken, 2 EL Zitronensaft, etwas Olivenöl, 50 g geriebener Gouda (fettreduziert), 1 EL gehackter Kerbel, je 1 Prise Salz und Muskat

Zubereitung:

Schneiden Sie die geputzten Pilze in dünne Scheiben. Dünsten Sie sie in erhitztem Olivenöl an und beträufeln Sie sie mit dem Zitronensaft. Rühren Sie den in Würfel geschnittenen Schinken unter.

Vermengen Sie die Eier mit der Buttermilch, dem Gouda, Kerbel, Salz und Muskat. Füllen Sie die Pilze in eine mit Olivenöl eingefettete Auflaufform und gießen Sie die Ei-Käsemischung darüber.

Backen Sie den Auflauf ca. 15 Minuten im vorgeheizten Backofen bei 180 °C.

Spinat mit Champignons

Zutaten:

250 g tiefgekühlter Spinat, 150 g frische Champignons, 2 Eier, 100 g Naturjoghurt (fettreduziert), ½ TL Senf, ½ TL Curcuma, 2 Stängel Petersilie, etwas Gemüsebrühe, Salz und Pfeffer

Zubereitung:

Kochen Sie den aufgetauten Spinat auf und schmecken Sie ihn mit etwas Salz und Pfeffer ab. Schneiden Sie die geputzten Champignons in Scheiben. Pochieren Sie diese ca. 3 Minuten in etwas erhitzter Gemüsebrühe.

In einem separaten Topf vermengen Sie den Joghurt mit dem Senf und den Gewürzen. Schneiden Sie die hart gekochten Eier in Würfel.

Richten Sie den Spinat auf 2 Tellern an. Verteilen Sie die Champignons darüber und bestreuen Sie diese mit den Eierwürfeln. Dekorieren Sie mit der Petersilie.

Gemüsestifte mit Dip

Zutaten für 2 Portionen:

1 Zucchini, 2 Möhren, 1 kleine Salatgurke, 1 grüne Paprikaschote, 1 Kohlrabi, 2 fein gehackte Knoblauchzehen, 1 Tomate, 50 ml saure Sahne (fettreduziert), 50 ml Naturjoghurt (fettreduziert), je ½ TL Senf und Curcuma, je 1 Prise Salz und Pfeffer

Zubereitung:

Halbieren Sie die gewaschene Salatgurke. Entfernen Sie die Kerne und schneiden Sie die Gurke in Streifen.

Entfernen Sie die Kerne, Stielansätze und weißen Trennungen der gewaschenen und geviertelten Paprikaschoten. Schneiden Sie das Fruchtfleisch in Streifen.

Schneiden Sie die gewaschenen und geschälten Möhren, die Zucchini und die Kohlrabi in Stifte. Achteln Sie die gewaschenen Tomaten.

Für den Dip geben Sie die restlichen Zutaten in einen Mixer und verrühren diese gründlich. Schmecken Sie mit Salz und Pfeffer ab und reichen Sie den Dip zu dem vorbereiteten Gemüse.

Zwiebeln überbacken

Zutaten:

500 g kleine Zwiebeln, 3 EL Olivenöl, 120 ml saure Sahne (fettreduziert), 1 Ei, 50 g geriebener Gouda (fettreduziert), ¼ TL Curcuma, etwas Paniermehl aus Vollkornmehl, je 1 Prise Salz und Paprika

Zubereitung:

Bräunen Sie die geschälten Zwiebeln in einem mit Olivenöl erhitzten und geöffneten Topf an. Geben Sie etwas Sahne hinzu, und lassen Sie die Zwiebeln im geschlossenen Topf gar schmoren.

Für die Soße vermengen Sie die restliche Sahne mit dem Ei und den Gewürzen. Geben Sie die Zwiebeln in eine Auflaufform. Verteilen Sie die Soße, das Paniermehl und den geriebenen Gouda darüber.

Backen Sie den Auflauf ca. 25 Minuten im vorgeheizten Backofen bei 180 °C.

Gemischte Gemüsenudeln

Zutaten für 2 Portionen:

150 g Vollkornnudeln, 2 Möhren, 100 g Brokkoli, ¼ Stange Lauch, ½ Tasse Gemüsebrühe, 4 EL Mais aus der Dose, 100 g geriebener Parmesan (fettreduziert), 125 ml Sahne (fettreduziert), 1 EL Olivenöl

Zubereitung:

Geben Sie die Nudeln in kochendes Wasser und kochen Sie diese bissfest.

Schneiden Sie die Möhren und Lauch in feine Streifen und den Brokkoli in kleine Röschen. Dünsten Sie dies in einer mit Olivenöl erhitzten Pfanne an.

Geben Sie die Sahne und die Brühe hinzu und lassen Sie alles 10 Minuten lang garen. Rühren Sie die Nudeln und den Mais unter.

Servieren Sie die heißen Nudeln und reichen Sie den geriebenen Parmesan dazu.

Kichererbsen-Curry mit Romanesco

Zutaten für 2 Personen:

200 g Kichererbsen aus der Dose (Abtropfgewicht), 1 Romanesco, 3 Tomaten, 1 kleine Zwiebel, 100 ml Kokosmilch, 2 Knoblauchzehen, 1 EL Sesamkörner, 80 ml Buttermilch, 1 EL Kokosöl, 1 TL Kreuzkümmel, je ½ TL Moringapulver und Curcuma, etwas Salz, Pfeffer, Paprika und Rosmarin

Zubereitung:

Übergießen Sie die Tomaten mit heißem Wasser, sodass Sie die Schale abziehen können. Schneiden Sie die Tomaten und den Romanesco in kleinere Röschen. Dünsten Sie die Zwiebel- und Knoblauchwürfel in einer mit Kokosöl erhitzten Pfanne kurz an.

Rühren Sie die Kokosmilch und Buttermilch unter. Geben Sie das vorbereitete Gemüse mit den abgetropften Kichererbsen und den Gewürzen hinzu. Lassen Sie alles ca. 25 Minuten auf niedriger Stufe köcheln. Vor dem Servieren streuen Sie die ohne Fett angerösteten Sesamkörner darüber.

Paprika-Zwiebelgemüse

Zutaten:

250 g Paprikaschoten, 300 g Zwiebeln, 4 Tomaten, 2 EL Olivenöl, 1 EL Sesamkörner, 3 Knoblauchzehen, etwas Salz, Pfeffer und Paprika

Zubereitung:

Schneiden Sie die halbierten Zwiebeln in Ringe, die Tomaten in Achtel und die entkernten und entstielten Paprikaschoten in Streifen.

Dünsten Sie die in Würfel geschnittenen Knoblauchzehen zusammen mit den Zwiebelringen in einer mit Olivenöl erhitzten Pfanne an. Heben Sie die Tomatenstücke unter und lassen Sie auf kleiner Stufe köcheln, bis das Gemüse gar ist.

Schmecken Sie mit den Gewürzen ab. Streuen Sie vor dem Servieren die fettfrei angerösteten Sesamkörner über das Gemüse.

Hähnchenfilet mit Gemüsefüllung

Zutaten für 4 Portionen:

2 Hähnchenbrustfilets, 2 Möhren, 1 Zucchini, 2 Knoblauchzehen, 60 ml Wasser, 1 TL Gemüsebrühe, ¼ TL Salz, ¼ TL Curcuma, etwas Pfeffer, Zahnstocher

Zubereitung:

Verrühren Sie in einer Schüssel die geraspelten Möhren, Zucchini und Knoblauchzehen mit den Gewürzen.

Schneiden Sie die Filets längsseitig auf, sodass Taschen entstehen und Sie die Gemüsemischung portionsweise hinein füllen können. Schließen Sie die Filets und fixieren Sie diese mit den Zahnstochern.

Legen Sie die Filets in eine Pfanne, und bestreuen Sie sie mit der Gemüsebrühe. Geben Sie das Wasser hinzu, und kochen Sie kurz auf. Reduzieren Sie die Hitze, und lassen Sie die Filets ca. 40 Minuten köcheln.

Entfernen Sie die Zahnstocher.

Nudeln mit Spinat und Walnüssen

Zutaten für 2 Portionen:

180 g Vollkornnudeln, 250 g frischer Spinat, 1 große Zwiebel, 3 Knoblauchzehen, 40 g gehackte Walnüsse, 180 ml Sahne (fettreduziert), ½ TL Moringapulver, etwas Olivenöl, Curcuma, Salz und Pfeffer

Zubereitung:

Kochen Sie die Nudeln entsprechend der Packungsanleitung bissfest. Dünsten Sie die gehackten Knoblauchzehen und die Zwiebelwürfel in eine mit Öl erhitzten Pfanne. Rühren Sie den in Streifen geschnittenen Spinat und die Sahne unter. Kochen Sie kurz auf und lassen Sie auf niedriger Stufe köcheln. Schmecken Sie mit den Gewürzen ab.

Rösten Sie die gehackten Walnüsse ohne Zugabe von Fett an. Vermengen Sie die abgetropften Nudeln mit der Sahnesoße. Verteilen Sie die fertigen Nudeln auf 2 Teller, und streuen Sie die Walnüsse darüber.

Spaghetti mit Mandelsoße

Zutaten für 2 Portionen:

180 g Vollkornspaghetti, 100 ml Sahne (fettreduziert), 1 EL Crème fraîche (fettreduziert), 1 EL Mandelmus, 50 g Mandeln, 3 EL Olivenöl, 1 Bund Kerbel, 2 EL Sesamkörner, 1 Stängel Basilikum, etwas Curcuma, Salz und Pfeffer

Zubereitung:

Geben Sie die Nudeln in kochendes Walzwasser und kochen Sie sie nach Angaben der Verpackung gar.

Mit einem Pürierstab mixen Sie die Mandeln mit dem Olivenöl. Kochen Sie die Sahne mit dem Crème fraîche und Mandelmus kurz auf. Rühren Sie die Mandel-Olivenölmasse, den Sesam und den fein gehackten Kerbel unter. Schmecken Sie mit den Gewürzen ab.

Vermengen Sie die abgetropften Nudeln mit der Soße, verteilen Sie sie auf zwei Tellern und dekorieren Sie mit den Basilikumblättern.

Shiitake-Omelette

Zutaten für 2 Personen:

150 g frische Shiitake-Pilze, 3 Eier, 80 ml Milch (fettreduziert), 2 Knoblauchzehen, 1 kleine Zwiebel, 1 EL Olivenöl, etwas Schnittlauch, Muskat, Salz und Pfeffer

Zubereitung:

Schneiden Sie die geputzten Shiitake-Pilze in Stücke. Hacken Sie die Knoblauchzehen, die Zwiebel und den Schnittlauch fein.

Verquirlen Sie die Milch mit den Eiern und Gewürzen. Dünsten Sie die Pilze in einer mit Olivenöl erhitzten Pfanne an. Geben Sie Salz, Pfeffer und den Knoblauch hinzu.

Gießen Sie die Eiermilch unter stetigem Rühren in die Pfanne und decken Sie diese ab. Lassen Sie das Omelette bei mittlerer Hitze ca. 10 Minuten lang stocken.

Verteilen Sie das Omelette auf 2 Teller, streuen Sie den Schnittlauch darüber.

Fischfilets mit Kräutern

Zutaten:

500 g Rotbarschfilet, 4 Champignons, 1 TL Estragonpaste, 1 EL fein gehackte Zwiebel, 2 ausgepresste Knoblauchzehen, 2 TL Milch, ½ TL getrocknete Petersilie, ½ TL Zitronensaft, je 1 Prise Salz, Pfeffer und Thymianpulver

Zubereitung:

Schneiden Sie die geputzten Champignons in kleine Stücke. Verrühren Sie diese mit den weiteren Zutaten und verteilen Sie die Marinade auf dem Fischfilet.

Geben Sie den Fisch in eine Auflaufform und garen Sie den Fisch im vorgeheizten Backofen ca. 20 Minuten bei 180 °C. Je nach Dicke des Fischfilets kann die Garzeit variieren.

Tomaten-Paprika-Reis

Zutaten für 2 Portionen:

80 g Reis, 450 g Tomaten, 1 rote Paprikaschote, 1 Zwiebel, 2 EL Tomatenmark, 6 frische Basilikumblätter, 1 EL Olivenöl, etwas Wasser, Salz und Pfeffer

Zubereitung:

Kochen Sie den Reis nach Angabe der Packungsbeschreibung gar.

Dünsten Sie die fein geschnittene Zwiebel in einer mit Öl erhitzten Pfanne an. Rühren Sie die in Würfel geschnittenen Tomaten und die in Streifen geschnittene Paprikaschote unter und schmecken Sie mit etwas Salz und Pfeffer ab.

Geben Sie etwas Wasser zu den Tomaten, und rühren Sie das Tomatenmark, den gar gekochten Reis und die in Streifen geschnittenen Basilikumblätter unter. Geben Sie bei Bedarf etwas vom Reis-Kochwasser hinzu und lassen Sie kurz aufkochen.

Eier in Senfsoße

Zutaten für 2 Portionen:

4 Eier, 4 mittelgroße Kartoffeln, 1 EL Crème fraîche (fettreduziert), 1 EL Senf, 5 EL Joghurt, 3 EL Milch, etwas Petersilie, Curcuma und Salz

Zubereitung:

Kochen Sie die geschälten und in Würfel geschnittenen Kartoffeln in Salzwasser gar.

Verrühren Sie den Senf mit der Milch, dem Crème fraîche, Joghurt, Wasser und den Gewürzen und kochen Sie die Soße kurz auf.

Die hart gekochten Eier halbieren Sie und richten sie zusammen mit den fertigen Kartoffeln auf 2 Tellern an. Dekorieren Sie mit der Petersilie.

Lauch-Quiche mit Champignons

Zutaten:

500 g Zucchini, 250 g Lauch, 250 g braune Champignons, je 150 g Vollkornmehl und Weizenmehl, 5 Eier, 3 EL Olivenöl, 200 g Gouda (fettreduziert), 250 ml Milch (fettreduziert), 150 ml Crème fraîche (fettreduziert), ½ Bund Petersilie, ½ EL getrockneter Oregano, ½ TL Curcuma, 1 TL Moringapulver, etwas Salz und Pfeffer

Zubereitung:

Mixen Sie das Mehl mit 5 Eiern und etwas Salz zu einem Teig. Lassen Sie ihn in einer abgedeckten Schüssel ca. 30 Minuten ziehen.

Halbieren Sie die gewaschenen Zucchini der Länge nach und schneiden Sie dünne Scheiben. Schneiden Sie den gewaschenen Lauch in dünne Ringe. Hacken Sie die Petersilie fein. Schneiden Sie die geputzten Champignons in dünne Scheiben.

Geben Sie die Zucchini-Scheiben und die Lauchringe in eine mit Olivenöl erhitzte Pfanne. Rühren Sie dies so lange um, bis die Flüssigkeit verdampft ist. Heben Sie die Petersilie unter und lassen Sie das Gemüse abkühlen.

Verquirlen Sie die Milch, Crème fraîche, den geraspelten Käse und die restlichen 2 Eier. Schmecken Sie mit den Gewürzen ab. Verteilen Sie den Teig auf einem mit Backpapier ausgelegten Backblech. Gießen Sie die Eiermischung darüber. Backen Sie die Quiche ca. 30 Minuten im vorgeheizten Backofen bei 200 °C.

Fussili mit Avocado

Zutaten für 2 Personen:

180 g Fussili (Vollkorn), 100 ml Sahne (fettreduziert), 1 Avocado, 50 ml Joghurt (fettreduziert), 1 EL Crème fraîche, 2 EL Zitronensaft, 1 EL Sonnenblumenkerne, etwas Moringapulver, Salz und Pfeffer

Zubereitung:

Kochen Sie die Nudeln entsprechend der Packungsanleitung bissfest. Halbieren, entkernen und schälen Sie die Avocado. Schneiden Sie ein Viertel der Avocado in Würfel, den Rest in mittelgroße Stücke. Träufeln Sie etwas Zitronensaft darüber.

Vermengen Sie die Sahne mit dem Joghurt und Crème fraîche. Kochen Sie kurz auf und geben Sie dann die mittelgroßen Avocado-Stücke hinzu. Pürieren Sie alles mit einem Stabmixer und schmecken Sie die Soße mit den Gewürzen und etwas Zitronensaft ab.

Verteilen Sie die Soße über den auf 2 Tellern angerichteten Nudeln. Dekorieren Sie mit den Avocadowürfeln und Sonnenblumenkernen.

Nudeln mit Piniensoße

Zutaten für 2 Portionen:

180 g Vollkornnudeln, 120 ml Sahne (fettreduziert), 1 Zwiebel, 1 EL Crème fraîche (fettreduziert), 3 EL Pinienkerne, 1 EL Olivenöl, ½ TL Curcumapulver, etwas Paprikapulver, Salz und Pfeffer

Zubereitung:

Kochen Sie die Nudeln entsprechend der Packungsanweisung gar. Dünsten Sie die in Würfel geschnittene Zwiebel und die fein gehackten Pinienkerne in einem mit Olivenöl erhitzten Topf kurz an. Rühren Sie die Sahne, Crème fraîche und die Gewürze unter.

Verteilen Sie die abgegossenen Nudeln auf vorgewärmte Teller und gießen Sie die Soße darüber.

Fischfrikassee mit Porree

Zutaten:

600 g Fischfilet (z. B. Rotbarsch, Kabeljau, Seelachs), 40 g gehackte Mandeln, 200 ml fettreduzierte saure Sahne, 1 Stange Porree, 4 EL Olivenöl, 30 g Vollkornmehl, 375 ml Gemüsebrühe, 1 EL Curcuma, etwas Zitronensaft, Salz und Pfeffer

Zubereitung:

Schneiden Sie den gewaschenen Porree in Ringe, und geben Sie diese zusammen mit den Mandeln und dem Curcuma in eine mit Olivenöl erhitzte Pfanne. Lassen Sie auf niedriger Stufe ca. 15 Minuten lang köcheln und geben Sie bei Bedarf etwas Wasser hinzu.

Stäuben Sie das Mehl über und geben Sie die Gemüsebrühe hinzu. Kochen Sie alles kurz auf, bevor Sie den Zitronensaft und die saure Sahne unterrühren.

Würzen Sie das vorbereitete Fischfilet mit Zitronensaft und Salz. Schneiden Sie das Filet in mundgerechte Stücke und geben Sie diese zu der Soße. Lassen Sie alles bei niedriger Stufe ca. 15 Minuten lang köcheln.

Schmecken Sie mit Salz und Pfeffer ab.

Tipp:
Als Beilage empfiehlt sich Vollkornreis.

Fisch auf Pizza

Zutaten:

200 g Kabeljaufilet, 4 Tomaten, je 75 g Vollkornmehl und raffiniertes Weizenmehl, 25 g Hefe, 125 Liter Milch (fettreduziert), 4 EL Tomatenmark, 4 EL Wasser, 1 EL Olivenöl, 1 Zwiebel, 8 schwarze Oliven, 100 g Emmentaler (fettreduziert), etwas Salz, Basilikum, Paprika und Pfeffer

Zubereitung:

Zerpflücken Sie den gar gekochten Fisch in grobe Stücke. Für den Teig verrühren Sie das Mehl mit der Hefe, Milch, dem Olivenöl und etwas Salz. Bei Bedarf geben Sie etwas mehr Mehl oder Wasser hinzu. Rollen Sie den Teig auf einem mit Backpapier ausgelegten Backblech aus.

Vermengen Sie das Tomatenmark mit dem Wasser und den Gewürzen und verteilen Sie die Soße auf dem Pizzateig.

Belegen Sie die Pizza mit den in Scheiben geschnittenen Tomaten und dem Fisch. Streuen Sie die in Würfel geschnittene Zwiebel und Oliven darüber, anschließend den Emmentaler.

Backen Sie die Pizza im vorgeheizten Backofen ca. 30 Minuten bei 180 °C.

Muschelnudeln mit Currysoße

Zutaten für 2 Personen:

180 g Muschelnudeln (Vollkorn), 150 ml Sahne (fettreduziert), 20 ml Apfelsaft, 1 TL Curcuma, 2 TL Curry, 1 EL gehackte Sonnenblumenkerne, etwas Salz

Zubereitung:

Kochen Sie die Nudeln im Salzwasser bissfest. In einem separaten Topf verrühren Sie die Sahne mit dem Apfelsaft. Schmecken Sie die Soße mit Curry, Curcuma und Salz ab.

Verteilen Sie die abgegossenen Nudeln auf 2 Teller und geben Sie die Soße darüber. Bestreuen Sie die Nudeln mit den Sonnenblumenkernen.

Makrelen gegrillt auf Stachelbeeren

Zutaten für 4 Portionen:

4 Makrelen, 400 g frische Stachelbeeren, 20 g Butter, 2 Knoblauchzehen, etwas Zitronensaft, Senf, Salz und Pfeffer

Zubereitung:

Würzen Sie die vorbereiteten Makrelen von innen und außen mit dem Zitronensaft, Senf, Salz, Pfeffer und dem gepressten Knoblauch.

Legen Sie die Makrelen auf einen Gitterrost und grillen Sie sie im Backofen oder auf einem Grill von jeder Seite bis zu 10 Minuten.

Geben Sie die von den Stielansätzen befreiten und gewaschenen Stachelbeeren in eine mit Butter erhitzte Pfanne. Gießen Sie bei Bedarf etwas Wasser hinzu. Garen Sie die Stachelbeeren einige Minuten lang.

Verteilen Sie die Stachelbeeren auf 4 Teller und legen Sie die fertigen Makrelen darauf.

Tipp:
Wenn eine Beilage gewünscht ist, schmecken Pellkartoffeln oder Salzkartoffeln besonders gut.

Hähnchen mit Wildreis

Zutaten für 1 Person:

100 g Wildreismischung, 50 g Hähnchenfilet, 100 g frische Pilze, 1 Lauchzwiebel, 220 ml Gemüsebrühe, 1 EL gehackter Kerbel, 2 TL Olivenöl, etwas geriebener Parmesan, Muskat, Salz und Pfeffer

Zubereitung:

Lassen Sie die Wildreismischung in der Gemüsebrühe im geschlossenen Topf ca. 20 Minuten köcheln. Würzen Sie anschließend den fertigen Reis mit etwas Muskat, Salz, Pfeffer und dem gehackten Kerbel.

Reinigen Sie die Pilze und die Lauchzwiebel. Schneiden Sie die Lauchzwiebel in dünne Ringe und die Pilze in Viertel.

Dünsten Sie die Pilze in einer mit dem Olivenöl erhitzten Pfanne an und geben Sie die Lauchzwiebeln dazu. Würzen Sie mit etwas Salz und Pfeffer.

Das Hähnchenfilet wird nach dem Waschen mit etwas Salz und Pfeffer gewürzt und im Zitronensaft mariniert. Nach dem Abtropfen braten Sie es ca. 12 Minuten im heißen Fett. Schneiden Sie das Fleisch in Scheiben.

Geben Sie das Hähnchenfleisch, den Reis und die Pilze auf einen Teller. Streuen Sie etwas geriebenen Parmesan darüber.

Nudeln in Tomaten

Zutaten für 2 Portionen:

180 g Vollkornnudeln, 300 g Tomaten, 80 ml Buttermilch, 1 EL gehackter Schnittlauch, 1 kleine Zwiebel, 3 EL Olivenöl, etwas Salz und Paprika

Zubereitung:

Geben Sie die Nudeln zusammen mit den Gewürzen in kochendes Wasser und kochen Sie sie nach Angabe der Verpackung gar.

Gießen Sie das Wasser ab und überspülen Sie die Nudeln mit kaltem Wasser.

Übergießen Sie die Tomaten mit heißem Wasser, sodass Sie die Haut abziehen können. Schneiden Sie die Tomaten in Achtel und dünsten Sie diese zusammen mit den Zwiebelwürfeln und etwas Salz und Paprika in einem mit Öl erhitzten Topf an.

Gießen Sie die Buttermilch hinzu.

Heben Sie die gar gekochten Nudeln unter, schmecken Sie mit den Gewürzen ab. Vor dem Servieren streuen Sie den Schnittlauch über die Nudeln.

Kartoffel-Möhren in Currysoße

Zutaten für 2 Portionen:

300 g Kartoffeln, 200 g Möhren, 1 Lauchzwiebel, 20 g Frischkäse, 120 ml Milch (fettreduziert), 0,5 Liter Gemüsebrühe, 3 EL Olivenöl, ¼ TL Senf, 1 EL Curry, 1 TL Curcuma, 2 Eier, etwas Salz und Pfeffer

Zubereitung:

Schneiden Sie die geschälten Kartoffeln und Möhren in Würfel und kochen Sie diese in der Gemüsebrühe auf. Lassen Sie ca. 15 Minuten lang köcheln.

Dünsten Sie die in Ringe geschnittene Lauchzwiebel in einer mit Öl erhitzten Pfanne. Rühren Sie Curry und Curcuma unter.

Gießen Sie die Kartoffeln und Möhren ab und fangen Sie 0,25 Liter der Gemüsebrühe auf.

Geben Sie die Brühe, die Milch, den Frischkäse und Senf bei ständigem Rühren in die Pfanne. Nach dem Aufkochen lassen Sie ca. 5 Minuten lang köcheln. Heben Sie das Gemüse unter und schmecken Sie mit Salz und Pfeffer ab.

Vor dem Servieren dekorieren Sie die Teller mit den hart gekochten und geviertelten Eiern.

Sesamkartoffeln mit Quark

Zutaten:

500 g Kartoffeln, 1 Bund Schnittlauch, 250 g Magerquark, 100 g Naturjoghurt (fettreduziert), 1 Zwiebel, 2 EL Olivenöl, 2 EL Sesamöl, 3 EL Sesamkörner, etwas Salz und Pfeffer

Zubereitung:

Halbieren Sie die gewaschenen Kartoffeln der Länge nach und legen Sie sie mit der Schnittfläche nach oben auf ein mit Backpapier ausgelegtes Backblech. Bestreichen Sie die Schnittflächen mit dem Olivenöl, streuen Sie die Sesamkörner darüber. Backen Sie die Kartoffeln ca. 35 Minuten im vorgeheizten Backofen bei 170 °C.

Hacken Sie die Zwiebel und den Schnittlauch fein. Vermengen Sie dies zusammen mit den restlichen Zutaten zu einer Quarkcreme. Servieren Sie diese zusammen mit den heißen Kartoffeln.

Romanesco-Rosenkohl-Auflauf

Zutaten für 2 Personen:

1 Kopf Romanesco, 300 g frischer Rosenkohl, 100 g geriebener Emmentaler (fettreduziert), 100 ml Sahne (fettreduziert), 3 Knoblauchzehen, 100 ml Gemüsebrühe, 2 EL Olivenöl, etwas Salz, Pfeffer, Curcuma

Zubereitung:

Schneiden Sie den gewaschenen Romanesco in kleine Röschen. Putzen Sie den Rosenkohl, und kochen Sie ihn zusammen mit dem Romanesco ca. 12 Minuten in Salzwasser gar. Lassen Sie das Gemüse gut abtropfen, geben Sie es zusammen mit den Knoblauchwürfeln in eine mit Olivenöl erhitzte Pfanne. Löschen Sie mit der Gemüsebrühe ab und rühren Sie die Sahne und die Gewürze unter.

Geben Sie alles in eine eingefettete Auflaufform, und verteilen Sie den geriebenen Emmentaler darüber. Backen Sie den Auflauf ca. 25 Minuten im vorgeheizten Backofen bei 180 °C.

Fischauflauf mit fettarmen Bratkartoffeln

Zutaten für 2 Personen:

250 g Kabeljaufilet, 500 g Kartoffeln, 100 g geriebener Emmentaler (fett-reduziert), 150 g tief gefrorener Blattspinat, 2 EL Olivenöl, 1 Zwiebel, Saft von ½ Zitrone, 1 EL Senf, etwas Salz und Pfeffer

Zubereitung:

Schneiden Sie die geputzten Kartoffeln in dünne Scheiben und legen Sie diese auf ein mit Backpapier ausgelegtes Backblech. Backen Sie sie bei 200 °C gar, bis sie goldbraun geworden sind. Würzen Sie mit etwas Salz und Pfeffer.

Schneiden Sie das gewaschene und mit einem Küchenpapier abgetupfte Kabeljaufilet in grobe Stücke. Beträufeln Sie diese mit dem Zitronensaft.

Dünsten Sie die Zwiebeln in einem mit 1 EL Olivenöl erhitzten Topf an. Rühren Sie den aufgetauten Spinat unter und dünsten Sie diesen ca. 5 Minuten. Schmecken Sie mit Salz, Pfeffer und Senf ab.

Geben Sie ein Drittel der Kartoffelscheiben in eine eingefettete Auflaufform. Verteilen Sie darauf die Hälfte der Fischstücke und des Spinats. Legen Sie darüber eine weitere Kartoffelschicht und eine Fisch-Spinatschicht. Schließen Sie mit einer Schicht Kartoffelscheiben ab. Würzen Sie mit etwas Salz und Pfeffer und streuen Sie den geriebenen Emmentaler darüber.

Backen Sie den Auflauf ca. 20 Minuten im vorgeheizten Backofen bei 180 °C.

Hähnchen-Spinat-Auflauf mit Möhren

Zutaten für 2 Personen:

200 g Hähnchenbrustfilet, 200 g frischer Spinat, 4 Möhren, 8 EL Naturjoghurt (fettreduziert), 1 Stängel Petersilie, 1 EL Olivenöl, 3 Scheiben Schmelzkäse (fettreduziert), etwas Curcuma, Paprika, Salz und Pfeffer

Zubereitung:

Kochen Sie die gewaschenen und in Würfel geschnittenen Möhren und den in Streifen geschnittenen Spinat gar. Schmecken Sie mit etwas Salz ab und geben Sie das Gemüse in eine eingefettete Auflaufform.

Dünsten Sie das in mundgerechte Stücke geschnittene Hähnchenbrustfilet gar. Verrühren Sie dies mit dem Joghurt und schmecken Sie mit den Gewürzen ab.

Verteilen Sie das Hähnchenfleisch über der Gemüsemischung und decken Sie den Auflauf mit dem Schmelzkäse ab.

Backen Sie den Auflauf im vorgeheizten Backofen kurz auf, bis der Käse geschmolzen ist. Bestreuen Sie den Auflauf vor dem Servieren mit der fein gehackten Petersilie.

Hähnchenragout mit Trauben und Pfifferlingen

Zutaten:

600 g Hähnchenbrustfilet, 200 g frische Pfifferlinge, 300 g blaue Weintrauben, 500 ml Geflügelbrühe, 30 g Mehl (Vollkorn), 4 EL Sahne (fettreduziert), etwas Zitronensaft, Salz, Pfeffer, Kerbel

Zubereitung:

Schneiden Sie das gewaschene und mit einem Küchenpapier abgetupfte Hähnchenfilet in grobe Stücke. Garen Sie diese zusammen mit der Geflügelbrühe in einem geschlossenen Topf ca. 20 Minuten gar.

Entkernen Sie die gewaschenen und halbierten Weintrauben. Schneiden Sie die geputzten Pfifferlinge in Stücke.

Verrühren Sie die restlichen Zutaten zu einer Soße. Vermengen Sie diese mit dem Hähnchenfleisch und den Pfifferlingen. Kochen Sie alles nochmal kurz auf.

Vor dem Servieren streuen Sie den fein gehackten Kerbel darüber.

Tipp:
Das Ragout schmeckt besonders lecker zu Reis und Nudeln.

Brokkoli-Hirse-Auflauf mit Mandeln

Zutaten für 2 Personen:

500 g Brokkoli, 500 ml Gemüsebrühe, 150 g Hirseflocken, 200 ml Sahne (fettreduziert), 100 g geriebene Emmentaler, 1 kleine Zwiebeln, 2 Knoblauchzehen, 2 Eier, 2 EL Olivenöl, 2 EL gehackte Mandeln, 2 EL Mandelblätter, etwas Pfeffer, Salz, Curcuma und Butter

Zubereitung:

Schneiden Sie den gewaschenen Brokkoli in kleine Röschen und garen Sie diese in kochendem Wasser an.

Geben sie die fein gehackten Knoblauchzehen und Zwiebeln in einen mit 1 EL Olivenöl erhitzten Topf. Dünsten Sie dies an und rühren Sie die Hirseflocken und Gemüsebrühe unter. Kochen Sie kurz auf und schalten Sie nach ca. 10 Minuten die Herdplatte ab. Lassen Sie die Hirse aufquellen.

Heben Sie die Brokkoliröschen und gehackten Mandeln unter die Hirseflocken, schmecken Sie mit den Gewürzen ab und füllen Sie dies in eine eingefettete Auflaufform.

Vermengen Sie die Sahne mit den Eiern und gießen Sie die Soße über den Auflauf. Streuen Sie den geriebenen Emmentaler und ein paar Butterflöckchen darüber.

Backen Sie den Auflauf bei 180 °C ca. 20 Minuten im vorgeheizten Backofen.

Streuen Sie vor dem Servieren die fettfrei angerösteten Mandelblätter darüber.

Kürbis mit roten Linsen und Reis

Zutaten für 2 Personen:

100 g Vollkornreis, 160 g rote Linsen, 1 kleine Zwiebel, 1 Stück frischer Ingwer, 150 g Kürbis, 500 ml Wasser, 30 ml Kokosmilch, 2 EL Kokosöl, ½ Bund Koriandergrün, 1 TL Curcumapulver, je ½ TL Kreuzkümmel, Salz

Zubereitung:

Kochen Sie die gründlich gewaschenen Linsen in dem erhitzten Wasser auf niedriger Stufe gar.

Dünsten Sie die in Würfel geschnittene Zwiebel in einem mit Öl erhitzten Topf an. Geben Sie den fein gehackten Ingwer und Kreuzkümmel hinzu. Schneiden Sie das Kürbisfleisch in Würfel und rühren Sie diese zusammen mit etwas Wasser unter die Zwiebeln. Lassen Sie ca. 5 Minuten auf niedriger Stufe köcheln.

Gießen Sie die Linsen mit einem Teil des Kochwassers und die Kokosmilch hinzu und schmecken Sie mit den Gewürzen ab. Lassen Sie weitere ca. 15 Minuten köcheln.

Kochen Sie den Reis entsprechend der Packungsbeschreibung gar und reichen Sie ihn zusammen mit den roten Linsen. Bestreuen Sie den Reis und das Curry mit dem klein gezupften Koriandergrün.

Tipp:

Wer die roten Linsen besonders würzig und scharf möchte, kann mit Sambal Oelek nachwürzen, einer aus Indonesien stammenden dickflüssigen Chili-Soße.

Kartoffelpüree mit Walnüssen

Zutaten:

600 g Kartoffeln mehlig kochend, 3 EL gehackte Walnüsse, 250 ml fettarme Milch, 1 TL Olivenöl, je 1 Prise Salz, Piment und Muskat

Zubereitung:

Kochen Sie die ungeschälten Kartoffeln gar. Währenddessen dünsten Sie die Walnüsse in einer mit 1 TL Olivenöl erhitzten Pfanne kurz an.

Schütten Sie die gar gekochten Kartoffeln ab, schrecken Sie sie ab, und entfernen Sie die Schale.

Erhitzen Sie die Milch in einem Topf und rühren Sie die Butter, das Salz, Piment und Muskat unter.

Drücken Sie die Kartoffeln durch eine Kartoffelpresse und geben Sie die Kartoffelmasse zu der Milch. Rühren Sie die Walnüsse unter und schmecken Sie mit den Gewürzen ab. Geben Sie noch etwas Milch hinzu, falls das Püree zu trocken sein sollte.

Tipp:
Das Kartoffelpüree schmeckt gut zu Fischgerichten oder Gemüse wie z. B. Rosenkohl.

Rosenkohlpüree

Zutaten:

250 g Rosenkohl, 300 g mehlig kochende Kartoffeln, 20 ml Milch (fettreduziert), 1 kleine Zwiebel, 1 EL Crème fraîche (fettreduziert), ½ TL Moringapulver, je 1 Prise Muskat, Nelken, Salz und Pfeffer

Zubereitung:

Schneiden Sie die Enden des Rosenkohls ab und entfernen Sie die äußeren Blätter. Halbieren Sie den Rosenkohl und kochen Sie ihn in leicht gesalzenem Wasser gar.

In einem separaten Topf mit Salzwasser kochen Sie die geschälten Kartoffeln gar.

Geben Sie die Kartoffeln und den Rosenkohl zusammen in einen Topf. Pürieren Sie mit einem Stabmixer unter Hinzugabe von Milch, Crème fraîche und den Gewürzen und Zwiebelwürfeln, bis das Kartoffelpüree eine cremige Konsistenz hat.

Kürbisstifte

Zutaten:

1 kg Kürbisfleisch, 20 g Butter, ½ Liter Gemüsebrühe, 1 Zwiebel, 40 g Vollkornmehl, 1 EL Dill, 200 ml Wasser, etwas Salz

Zubereitung:

Schneiden Sie das entkernte Kürbisfruchtfleisch in fingerlange Stifte und kochen Sie diese in gesalzenem Wasser gar.

Vermengen Sie die in einem Topf erhitzte Butter mit dem Mehl und der fein gehackten Zwiebel. Geben Sie die Gemüsebrühe und die Kürbisstifte hinzu.

Lassen Sie den Kürbis kurz aufkochen und anschließend ca. 10 Minuten auf niedriger Stufe köcheln. Rühren Sie den fein gehackten Dill unter. Nehmen Sie die Kürbisstifte mit einer Schöpfkelle aus dem Topf.

Schwarzwurzeln

Zutaten:

500 g Schwarzwurzeln, 1 Liter Gemüsebrühe, 3 EL Leinöl, etwas Salz und Pfeffer

Zubereitung:

Bürsten Sie die Schwarzwurzeln unter fließendem Wasser gründlich ab. Schälen Sie sie in ca. 5 cm lange Stücke und geben Sie diese in die kochende Gemüsebrühe.

Geben Sie etwas Salz und Pfeffer hinzu und kochen Sie die Schwarzwurzeln ca. 25 Minuten gar.

Nehmen Sie die Schwarzwurzeln mit einer Schöpfkelle aus dem Topf. Lassen Sie sie abtropfen, bevor Sie sie auf Tellern anrichten. Träufeln Sie etwas Leinöl darüber.

Tipp:

Schwarzwurzeln sind eine leckere Beilage zu Kartoffelpüree oder Vollkornnudeln.

Kürbis-Mandel-Gnocchi

Zutaten:

400 g Kürbis, 3 mehlig kochende Kartoffeln, 150 g Mandelmehl, 50 g Ricotta-Käse, 60 ml Gemüsebrühe, 1 EL Balsamico-Essig, 2 Eigelb, etwas Curcuma, Salz und Pfeffer

Zubereitung:

Kochen Sie den geschälten, entkernten und in Würfel geschnittenen Kürbis in der Gemüsebrühe und dem Balsamico-Essig gar.

Kochen Sie die Pellkartoffeln gar und pressen Sie sie ungeschält zusammen mit den Kürbiswürfeln durch die Kartoffelpresse.

Verkneten Sie dies mit dem Mehl, Ricotta-Käse, den Eigelben und Gewürzen. Formen Sie den Teig auf einer leicht bemehlten Arbeitsplatte zu einer ca. 1 cm dicken Rolle. Schneiden Sie hiervon ca. 2 cm lange Stücke ab. Drücken Sie eine Seite mit einer Gabel ein, damit ein Rillenmuster entsteht.

Geben Sie die Gnocchi in einen mit leicht kochendem Salzwasser gefüllten Topf. Garen Sie die Gnocchi so lange, bis sie an der Wasseroberfläche schwimmen.

Kürbis-Selleriepüree

Zutaten:

500 g Kürbis, 50 g Knollensellerie, 80 ml fettreduzierte Sahne, 2 EL fein gehackte Petersilie, 2 TL Sesamöl, etwas Muskatnuss, Pfeffer, Salz

Zubereitung:

Schneiden Sie den geschälten und entkernten Kürbis und den Knollensellerie in Würfel. Kochen Sie diese in Salzwasser gar.

Pürieren Sie das Gemüse zusammen mit der Sahne und dem Sesamöl. Schmecken Sie mit den Gewürzen und der Petersilie ab.

Kichererbsenbrei

Zutaten für 4 Portionen:

300 g getrocknete Kichererbsen, 1 Zwiebel, 2 x 900 ml Wasser, ½ TL Kreuzkümmel, etwas Suppengrün, Curcuma und Salz

Zubereitung:

Lassen Sie die Kichererbsen über Nacht in 900 ml Wasser einweichen und schütten Sie das Einweichwasser am nächsten Tag weg. Geben Sie die Kichererbsen in einen Kochtopf und füllen Sie diesen mit 900 ml gesalzenem Wasser auf.

Kochen Sie die Kichererbsen auf, schöpfen Sie den weißen Schaum an der Oberfläche ab und lassen Sie weitere 90 Minuten im zugedeckten Topf auf niedriger Stufe köcheln.

Geben Sie nach ca. 30 Minuten das klein geschnittene Suppengrün und die fein gehackte Zwiebel hinzu und kochen Sie eine weitere Stunde bei schwacher Hitze.

Streichen Sie die abgegossenen Kichererbsen durch ein Sieb und erhitzen Sie erneut. Rühren Sie den Brei cremig und schmecken Sie mit den Gewürzen ab.

Lauchbeilage mit Möhren

Zutaten:

2 Lauchzwiebeln, 3 Möhren, etwas Olivenöl, ½ TL Moringapulver

Zubereitung:

Schneiden Sie die gewaschenen Lauchzwiebeln in feine Ringe, die geputzten Möhren in dünne Scheiben. Dünsten Sie dies in einem mit Olivenöl erhitzten Topf, bis das Gemüse bissfest ist. Rühren Sie das Moringapulver unter.

Nach Belieben können auch weitere Gewürze wie Salz, Pfeffer oder Paprikapulver verwendet werden.

Grünkohl mit Knoblauchöl

Zutaten:

700 g frischer Grünkohl, 120 ml Wasser, 2 kleine Zwiebeln, 3 Knoblauchzehen, 2 EL Olivenöl, ½ TL Senf, je 1 Prise Salz und Pfeffer

Zubereitung:

Schneiden Sie die gewaschenen und von den Stielen befreiten Grünkohlblätter in Streifen und die Zwiebeln und Knoblauchzehen in kleine Würfel.

Dünsten Sie die Knoblauch- und Zwiebelwürfel in einem mit Öl erhitzten Topf kurz an. Geben Sie das Wasser und den Grünkohl hinzu und würzen Sie mit dem Senf, Salz und Pfeffer.

Lassen Sie den Grünkohl kurz aufkochen und anschließend bei niedriger Temperatur ca. 10 Minuten köcheln.

Kartoffelpüree mit Gewürzmischung

Zutaten:

500 g Kartoffeln mehlig kochend, 50 ml fettarme Milch, je ½ TL Curcuma, Oregano, Majoran, 30 ml Olivenöl, je 1 Prise Salz, Pfeffer und Muskat

Zubereitung:

Kochen Sie die Kartoffeln mit Schale gar. Gießen Sie das Wasser ab, schrecken Sie die Kartoffeln ab und entfernen Sie die Schale.

Stampfen Sie die Kartoffeln klein und geben Sie die weiteren Zutaten hinzu. Verrühren Sie alles gründlich und erwärmen Sie das Kartoffelpüree nochmal.

Geben Sie etwas Milch hinzu, falls das Püree noch zu trocken sein sollte.

Tipp:
Das Kartoffelpüree schmeckt gut zu Fisch- oder Geflügelgerichten.

Kichererbsenpüree

Zutaten:

250 g Kichererbsen aus der Dose (Abtropfgewicht), 250 g Kartoffeln mehlig kochend, 100 ml Gemüsebrühe, 1 EL Crème fraîche (fettreduziert), je 1 Prise Kreuzkümmel, Salz und Pfeffer

Zubereitung:

Kochen Sie die ungeschälten Kartoffeln gar. Schrecken Sie die abgeschütteten gar gekochten Kartoffeln ab und ziehen Sie die Pelle ab.

Kochen Sie die Gemüsebrühe auf, rühren Sie die Gewürze unter. Spülen Sie die Kichererbsen in einem Sieb ab und lassen Sie sie abtropfen.

Geben Sie die Kartoffeln, Kichererbsen und das Crème fraîche in einen Topf, und pürieren Sie mit einem Stabmixer. Gießen Sie die Gemüsebrühe hinzu und verrühren Sie gründlich.

Reis mit Kichererbsen

Zutaten:

250 g Kichererbsen aus der Dose, 150 g Vollkornreis, 1 Zwiebel, 1 EL Olivenöl, ½ TL Curcuma, etwas Salz

Zubereitung:

Spülen Sie die Kichererbsen kalt ab, lassen Sie sie abtropfen und geben Sie sie zusammen mit dem Reis in einen Topf. Gießen Sie so viel Wasser hinzu, dass dieses den Reis ca. 1 cm überdeckt. Geben Sie etwas Salz hinzu.

Kochen Sie ca. 15 Minuten auf niedriger Stufe, bis die Kichererbsen und der Reis gar sind. Ab und zu umrühren. Schwitzen Sie die in Würfel geschnittene Zwiebel in einem mit Olivenöl erhitzten Topf an.

Schütten Sie überschüssiges Reiswasser ab und rühren Sie die Zwiebelwürfel unter Schmecken Sie mit den Gewürzen ab.

Gemischter Feldsalat

Zutaten:

100 g Feldsalat, 150 g Radicchio, 1 Frühlingszwiebel, 1 Ei, 2 EL Sesamkörner, ½ TL Senf, ½ TL Balsamico-Essig, 1 kleine Zwiebel, 4 EL Sesamöl, 1 Stängel Kerbel, etwas Salz und Pfeffer

Zubereitung:

Putzen Sie den Salat, lassen sie ihn abtropfen und schwenken Sie ihn trocken. Die Radicchioblätter zupfen Sie in kleinere.

Schneiden Sie das gewaschene Grün der Frühlingszwiebel in feine Ringe.

Für die Soße vermischen Sie die fein gewürfelte Zwiebel, das Öl, den Senf und den Balsamico-Essig. Rühren Sie den fein gehackten Kerbel unter und schmecken Sie mit Salz und Pfeffer ab.

Geben Sie den Salat in eine Schüssel, gießen Sie die Soße darüber und verrühren Sie gründlich. Dekorieren Sie mit dem in Scheiben geschnittenen hart gekochten Ei und den Sesamkörnern.

Blumenkohlsalat

Zutaten:

½ Blumenkohl, 2 Tomaten, 1 Zwiebel, ½ TL Moringapulver, 1 EL gehackter Schnittlauch, je 1 Prise Salz und Pfeffer

Zubereitung:

Raspeln Sie den gewaschenen Blumenkohl. Pressen Sie die Tomaten aus und geben Sie den Saft über die Blumenkohlraspeln.

Heben Sie die in dünne Scheiben geschnittene Zwiebel und den Schnittlauch unter.

Schmecken Sie mit dem Moringapulver, Salz und Pfeffer ab.

Bunter Salatmix

Zutaten:

3 Möhren, 1 kleine Salatgurke, 2 Tomaten, ½ Bund Radieschen, 2 kleine Kohlrabis, 1 Zwiebel, ½ TL Balsamico-Essig, 120 ml Buttermilch, 1 Ei, 1 EL Pinienkerne, ¼ TL Senf, 1 EL gehackte Petersilie, 1 Prise Salz

Zubereitung:

Schneiden Sie die geschälten Möhren und Kohlrabis in Würfel. Raspeln Sie die gewaschene Gurke und schneiden Sie die Tomaten und Radieschen in Scheiben. Geben Sie das Gemüse in eine große Salatschüssel.

Vermengen Sie die fein gehackte Zwiebel mit dem Balsamico-Essig, Senf, der Buttermilch und dem Salz.

Gießen Sie die Soße über den Salat, vermengen Sie alles und dekorieren Sie mit dem in Scheiben geschnittenen hart gekochten Ei, den Pinienkernen und der Petersilie.

Buntgemischter Avocado-Salat

Zutaten:

1 Avocado, 1 Salatherz, 1 Tomate, 4 Radieschen, 1 Frühlingszwiebel, 2 EL gehackte Pekannüsse, 2 Knoblauchzehen, 3 EL Zitronensaft, je ½ TL Curcuma und Moringapulver, je 1 Prise Salz und Pfeffer

Zubereitung:

Zupfen Sie das Salatherz in mundgerechte Stücke. Schneiden Sie die halbierte Tomate und Radieschen in Scheiben und die Frühlingszwiebel in dünne Ringe. Geben Sie alles in eine Salatschüssel und rühren Sie um.

Für das Dressing vermengen Sie 2 EL Zitronensaft mit dem gepressten Knoblauch, Curcuma, Moringapulver, Salz und Pfeffer. Rühren Sie das Dressing unter den Salat.

Halbieren Sie die Avocado, entfernen Sie den Kern und schneiden Sie das Fruchtfleisch in kleine Würfel.

Streuen Sie die Avocadowürfel über den Salat und träufeln Sie den restlichen Zitronensaft darüber. Bestreuen Sie den Salat mit den fein gehackten Pekannüssen.

Eisbergsalat mit Schinkenwürfeln

Zutaten:

½ Kopf Eisbergsalat, 100 g gekochter Schinken am Stück, 1 Frühlingszwiebel, 1 Zwiebel, 6 EL saure Sahne (fettreduziert), 2 EL Leinöl, 1 EL Olivenöl, Saft von ½ Zitrone, 1 EL gehackter Schnittlauch, ½ TL Moringapulver, je 1 Prise Salz und Pfeffer, 1 EL gehackte Pinienkerne

Zubereitung:

Zupfen Sie den gewaschenen und in einer Salatschleuder getrockneten Eisbergsalat in kleinere Stücke.

Schneiden Sie die gewaschene Frühlingszwiebel in Ringe und geben Sie diese zum Eisbergsalat.

Vermengen Sie das Leinöl mit der Sahne, dem Zitronensaft und dem fein gehackten Schnittlauch. Schmecken Sie die Soße mit dem Moringapulver, Salz und Pfeffer ab.

Schneiden Sie den gekochten Schinken in kleine Würfel, und geben Sie diese zusammen mit der klein gehackten Zwiebel in eine mit dem Olivenöl erhitzte Pfanne. Dünsten Sie kurz an und verteilen Sie die warmen Schinkenwürfel über den vorbereiteten Salat.

Streuen Sie die gehackten Pinienkerne darüber und servieren Sie den Salat warm.

Kohlrabi-Salat mit Ei

Zutaten für 4 Portionen:

4 Kohlrabis, 3 Eier, 2 EL Sesamkörner, 4 EL Sesamöl, ¼ TL Senf, 2 EL Wasser, 1 TL Balsamico-Essig, etwas Moringapulver, Salz und Pfeffer

Zubereitung:

Kochen Sie die geschälten und in Streifen geschnittenen Kohlrabis in einem Topf mit Wasser gar. Gießen Sie das Wasser ab, und lassen Sie die Kohlrabistreifen abkühlen.

Für das Dressing verrühren Sie das Sesamöl mit den Sesamkörnern, dem Essig, Senf, Wasser und den Gewürzen.

Schneiden Sie die hart gekochten Eier in Würfel und streuen Sie diese über die auf 4 Tellern angerichteten Kohlrabistreifen. Verteilen Sie das Dressing darüber.

Linsen auf Endiviensalat

Zutaten für 2 Portionen:

100 g Endiviensalat, 70 g rote Linsen, 1 Zwiebel, ½ Bund Kerbel, 3 EL Leinöl, 1 EL Balsamico-Essig, ½ TL Senf, ½ TL Curcuma, etwas Salz und Pfeffer

Zubereitung:

Kochen Sie die Linsen in gesalzenem Wasser auf niedriger Stufe ca. 20 Minuten und gießen Sie sie ab.

Hacken Sie die Zwiebel und den Kerbel fein. Verrühren Sie dies mit dem Leinöl, Balsamico-Essig, Senf, Curcuma, Salz und Pfeffer.

Zupfen Sie den gewaschenen Endiviensalat in mundgerechte Stücke. Verteilen Sie diese auf zwei Teller. Richten Sie die noch warmen Linsen darauf an und geben Sie die Soße darüber.

Fenchelsalat

Zutaten:

200 g Fenchel, 4 EL Magerquark, 4 EL saure Sahne, 1 EL Sesamkörner, etwas Salz und Zitronensaft

Zubereitung:

Schneiden Sie die Fenchelblätter in Streifen.

Kochen Sie die Fenchelknolle ca. 25 Minuten in Salzwasser gar. Schneiden Sie die weich gekochte Knolle in feine Streifen und lassen Sie sie abkühlen.

Vermengen Sie den Quark mit den restlichen Zutaten. Verteilen Sie die Soße über die abgekühlten Fenchelstreifen. Dekorieren Sie mit den Fenchelblättern und Sesamkörnern.

Feldsalat mit Sesam

Zutaten:

400 g Feldsalat, 1 Zwiebel, 5 Radieschen, 4 EL Sesamöl, ½ TL Balsamico-Essig, 3 EL Milch (fettreduziert), ½ TL Senf, 8 EL Wasser, etwas Salz und Pfeffer, 2 EL Sesamkörner

Zubereitung:

Waschen Sie den geputzten Feldsalat, lassen Sie ihn abtropfen und schwenken Sie ihn trocken. Schneiden Sie die Zwiebel in Würfel und die geputzten Radieschen in dünne Scheiben.

Für die Soße vermengen Sie die restlichen Zutaten bis auf die Sesamkörner.

Geben Sie die Soße zusammen mit den Zwiebelwürfeln und Radieschenscheiben in eine Schüssel. Heben Sie den Feldsalat vorsichtig unter.

Streuen Sie den Sesam darüber und lassen Sie den Salat 5 Minuten ziehen, bevor Sie ihn servieren.

Radicchio mit Schafskäse

Zutaten für 2 Portionen:

½ Radicchio, 1 Salatherz, 50 g Pinienkerne, 70 g Schafskäse, 40 ml Sahne (fettreduziert), 1 kleine Zitrone, ½ TL Senf, etwas Curcuma, Salz und Pfeffer

Zubereitung:

Zupfen Sie den geputzten Salat in mundgerechte Stücke.

Mixen Sie die Sahne mit der Zitrone, Senf und den Gewürzen. Rühren Sie die Soße zusammen mit den fein gehackten Pinienkernen unter den Salat.

Zerbröseln Sie den Schafskäse und verteilen Sie ihn über dem Salat.

Moringa-Salat mit Lachs und Croûtons

Zutaten für 2 Personen:

2 Scheiben Toastbrot (Vollkorn), 100 g frische Moringablätter, 100 g frische Champignons, 150 g geräucherter Lachs, 3 EL Limettensaft, 150 ml fettreduzierter Naturjoghurt, 1 EL Leinöl, 30 ml fettreduzierte Milch, je 1 EL fein gehackte Kresse und Sonnenblumenkerne, je 1 Prise Salz und Pfeffer

Zubereitung:

Waschen Sie die entstielten Moringablätter und lassen Sie sie gut abtropfen. Die geputzten Champignons schneiden Sie in Scheiben.

Verrühren Sie den Joghurt mit dem Limettensaft, Leinöl und der Milch. Schmecken Sie mit Salz und Pfeffer ab.

Vermengen Sie die Moringablätter mit den Champignons und verteilen Sie sie auf zwei Salatteller. Legen Sie den in Streifen geschnittenen Lachs darüber.

Beträufeln Sie den Salat mit etwas Soße. Dekorieren Sie mit dem getoasteten und in Würfel geschnittenen Brot, der Kresse und den Sonnenblumenkernen.

Reichen Sie die restliche Soße zum Essen.

Moringa-Salat mit Champignons

Zutaten:

100 g frische Moringablätter, 100 g frische Champignons, 1 Tomate, 1 kleine Zwiebel, 1 EL Sesamöl, 100 ml Naturjoghurt (fettreduziert), 50 ml Milch (fettreduziert), 3 EL Zitronensaft, ½ TL Moringapulver, 1 EL Sesamkörner, etwas Salz und Pfeffer

Zubereitung:

Waschen Sie die entstielten Moringablätter. Schneiden Sie die geputzten Champignons, die halbierte Tomate und die Zwiebel in dünne Scheiben.

Mixen Sie den Joghurt mit dem Zitronensaft und Sesamöl. Geben Sie entsprechend der gewünschten Konsistenz Milch hinzu. Schmecken Sie mit Salz und Pfeffer ab.

Geben Sie das vorbereitete Gemüse und das Moringapulver in eine Schüssel. Vermengen Sie dies mit dem Dressing. Streuen Sie die fettfrei gerösteten Sesamkörner darüber.

Papriksalat mit Radieschen

Zutaten:

je 1 rote, grüne und gelbe Paprikaschote, ½ Bund Radieschen, ½ Bund Frühlingszwiebeln, 1 Becher körniger Frischkäse (fettreduziert), 50 ml Naturjoghurt (fettreduziert), Saft von 1 Zitrone, etwas Salz und Pfeffer

Zubereitung:

Schneiden Sie die entstielten und entkernten Paprikaschoten in Streifen, die geputzten Radieschen in dünne Scheiben und die gesäuberten Frühlingszwiebeln in feine Ringe. Für das Dressing verrühren Sie den Zitronensaft mit dem Joghurt und den Gewürzen.

Geben Sie das vorbereitete Gemüse zusammen mit dem Dressing und dem Frischkäse in eine Schüssel. Verrühren Sie alles gründlich.

Rote Bete mit Herz und Gurke

Zutaten:

1 Rote Bete, 1 Salatherz, 1 kleine Salatgurke, 1 kleine Zwiebel, 50 ml saure Sahne (fettreduziert), 2 EL Leinöl, 8 EL Wasser, je ½ Bund Kerbel und Schnittlauch, 1 TL Balsamico-Essig, je 1 Prise Salz und Pfeffer

Zubereitung:

Zupfen Sie die gereinigten Blätter des Salatherzens in mundgerechte Stücke.

Halbieren Sie die gewaschene Gurke längsseitig. Schneiden Sie sie in 0,5 cm dicke Scheiben. Schneiden Sie die geschälte Rote Bete in kleine Würfel.

Vermengen Sie die saure Sahne mit dem Balsamico-Essig, Wasser, Öl und Salz und Pfeffer. Rühren Sie die in Würfel geschnittene Zwiebel unter die Soße.

Hacken Sie den gewaschenen Kerbel und Schnittlauch fein und geben Sie dies zu der Soße.

Füllen Sie das vorbereitete Gemüse in eine Schüssel, und rühren Sie die Soße unter.

Löwenzahnsalat mit Mozzarella

Zutaten:

250 g frische Löwenzahnblätter, 1 Mozzarella (fettreduziert), 2 Eier, ½ Bund Frühlingszwiebeln, 1 EL Crème fraîche (fettreduziert), 50 ml Sahne (fettreduziert), 1 EL Sesamöl, 1 EL Sesamsamen, 1 TL Senf

Zubereitung:

Putzen und waschen Sie die Löwenzahnblätter. Lassen Sie sie gut abtropfen und richten Sie sie auf 2 Tellern dekorativ an.

Schneiden Sie das Grün der Frühlingszwiebeln in feine Ringe.

Schneiden Sie die hartgekochten Eier in dünne Scheiben und den abgetropften Mozzarella in Würfel. Verteilen Sie dies auf den hergerichteten Salatblättern und streuen Sie die Zwiebelringe darüber.

Für die Soße verrühren Sie die restlichen Zutaten und gießen sie portionsweise über den angerichteten Salat.

Tipp:

Achten Sie beim Sammeln des Löwenzahns darauf, dass Sie diesen nicht an einer stark befahrenen Straße oder anderen mit Schadstoffen belasteten Standorten ernten.

Die jungen Blätter vor der Blütezeit sind weniger bitter als ältere Blätter.

Bauernsalat mit Oliven

Zutaten für 2 Personen:

¼ Eisbergsalat, 1 kleine Salatgurke, 2 Tomaten, 1 Zwiebel, 4 EL entkernte Oliven, 1 gelbe Paprikaschote, 1 kleines 100 g Feta-Käse, 1 EL Balsamico-Essig, 1 Ei, 1 TL Senf, 5 EL Olivenöl, etwas getrockneter Thymian, Salz und Pfeffer

Zubereitung:

Zupfen Sie die gewaschenen Salatblätter in mundgerechte Stücke. Schneiden Sie die halbierte Salatgurke und die Zwiebel in dünne Scheiben, die Tomaten in Achtel und die entkernte Paprikaschote in Streifen.

Für das Dressing vermengen Sie das Olivenöl mit dem Balsamico-Essig, Senf und den Gewürzen.

Füllen Sie das vorbereitete Gemüse zusammen mit den geviertelten Oliven und dem Dressing in eine Salatschüssel und verrühren Sie alles gründlich.

Direkt vor dem Servieren verteilen Sie das in Scheiben geschnittene hart gekochte Ei und den in Würfel geschnittenen Fetakäse darüber.

Hokkaidosalat mit Tomaten

Zutaten für 2 Personen:

250 g Hokkaido-Kürbis, 2 Tomaten, 1 Frühlingszwiebel, 2 EL Balsamico-Essig, 2 Knoblauchzehen, 3 EL Sesamöl, 1 EL Sesamkörner, 2 Stängel fein gehackter Kerbel, etwas Salz und Pfeffer

Zubereitung:

Lassen Sie den mit kaltem Wasser abgewaschenen Kürbis abtropfen und entfernen Sie die Schale und Kerne. Auf einer Reibe raspeln Sie den Kürbis in dünne Streifen.

Schneiden Sie die halbierten Tomaten in feine Scheiben, die Frühlingszwiebel in Ringe und die Knoblauchzehen in Würfel.

Für das Dressing vermengen Sie die restlichen Zutaten bis auf die Sesamkörner. Gießen Sie das Dressing über den Salat und verrühren Sie alles gründlich.

Streuen Sie die fettfrei angerösteten Sesamkörner darüber.

Apfelstreifen auf Löwenzahn

Zutaten:

3 Händevoll Löwenzahnblätter, 2 Äpfel, 1 Birne, 1 EL Sesamkörner, 2 EL Zitronensaft, 2 EL Sesamöl, etwas Salz

Zubereitung:

Zupfen Sie den gewaschenen Löwenzahn in grobe Stücke. Raspeln Sie das geschälte Obst in feine Streifen, träufeln Sie etwas Zitronensaft darüber.

Geben Sie das Obst zusammen mit dem Löwenzahn in eine Salatschüssel.

Vermengen Sie die restlichen Zutaten zu einem Dressing, und gießen Sie dies über den Salat.

Radieschensalat mit Kresse und Apfel

Zutaten:

1 Bund Radieschen, 3 Kästchen Kresse, 1 Apfel, 1 Frühlingszwiebel, Saft von ½ Zitrone, 2 Eier, 8 EL Sahne (fettreduziert), 4 EL Sesamöl, ½ Bund Schnittlauch, 1 EL Sonnenblumenkerne, etwas Moringapulver, Salz und Pfeffer

Zubereitung:

Waschen Sie die abgeschnittene und verlesene Kresse mit kaltem Wasser ab und lassen Sie sie gut abtropfen.

Schneiden Sie die geputzte Frühlingszwiebel in feine Ringe, den geschälten Apfel in Würfel und die gesäuberten Radieschen in dünne Scheiben. Beträufeln Sie die Apfelstücke mit etwas Zitronensaft.

Vermengen Sie das Sesamöl mit der Sahne, dem restlichen Zitronensaft, grob gehackten Schnittlauch und Salz und Pfeffer.

Füllen Sie den vorbereiteten Salat zusammen mit dem Moringapulver in eine Schüssel und verrühren Sie dies mit der Soße.

Die hart gekochten Eier schneiden Sie in Würfel und streuen diese zusammen mit den grob gehackten Sonnenblumenkernen über den Salat.

Spargel-Mango-Salat

Zutaten:

500 g grüner Spargel, 1 Mango, 1 Bund Frühlingszwiebeln, 50 ml Sahne (fettreduziert), 4 EL Sesamöl, 70 ml Liter Wasser, etwas Zitronensaft

Zubereitung:

Schneiden Sie die Enden der Spargelstangen ab und schälen Sie das untere Drittel der Stangen.

Geben Sie den gewaschenen Spargel in kochendes Wasser. Kochen Sie ihn ca. 15 Minuten bis er bissfest ist. Den abgekühlten Spargel schneiden Sie in 3 cm lange Stücke.
Entfernen Sie den Kern aus der geschälten und halbierten Mango. Schneiden Sie das Fruchtfleisch in Würfel.

Schneiden Sie die gesäuberten Frühlingszwiebeln in feine Ringe und vermischen Sie diese mit den Mangowürfeln.

Für das Dressing vermengen Sie die restlichen Zutaten.

Herbstlicher Obstsalat mit Sahne

Zutaten:

je 1 Apfel, Birne und Apfelsine, 150 g Zwetschgen, 50 g rote Johannisbeeren, 1 Becher Sahne (fettreduziert), 5 Tropfen Stevia, Saft von ½ Zitrone, etwas Moringapulver und Zimt

Zubereitung:

Filieren Sie die geschälte Apfelsine und schneiden Sie mundgerechte Stücke.

Raspeln Sie den geschälten Apfel und träufeln Sie etwas Zitronensaft darüber.

Schneiden Sie die geschälte, geviertelte und entkernte Birne in Würfel. Schneiden Sie die entkernten Zwetschgen in Viertel.

Entfernen Sie die Johannisbeeren von den Stielen und lassen Sie sie nach dem Waschen gut abtropfen.

Geben Sie das Obst mit 5 Tropfen Stevia und dem restlichen Zitronensaft in eine Schüssel, und rühren Sie gründlich um.

Schlagen Sie die Sahne mit dem restlichen Stevia steif, stäuben Sie etwas Zimt und Moringapulver darüber. Reichen Sie die Sahne zu dem angerichteten Obstsalat.

Pikant-süßer Reissalat

Zutaten:

3 Tassen gekochter Vollkornreis, je 1 rote und grüne Paprika, 100 g Gouda am Stück (fettreduziert), 1 Zwiebel, ¼ Honigmelone, 1 Apfel, 2 EL Limettensaft, ¼ TL Balsamico-Essig, ¼ TL Senf, 2 EL Sesamöl, 4 EL Wasser, je 1 Prise Salz und Pfeffer

Zubereitung:

Raspeln Sie den geschälten Apfel und hacken Sie die Zwiebel fein. Schneiden Sie die entkernten Paprika und die geschälte Honigmelone in kleine Stücke und den Gouda in Würfel.

Geben Sie alles zusammen mit dem gekochten Reis in eine Schüssel und rühren gründlich um.

In einer separaten Schüssel verquirlen Sie den Limettensaft mit dem Sesamöl, Senf, Balsamico-Essig, Wasser, Salz und Pfeffer.

Verteilen Sie das Dressing über dem Salat.

Beerensalat mit Vanillejoghurt

Zutaten für 2 Portionen:

je 100 g Erdbeeren, Heidelbeeren und Himbeeren, je 50 g Brombeeren und rote Johannisbeeren, 8 Tropfen Stevia, 250 g Vanillejoghurt ohne Zucker

Zubereitung:

Entfernen Sie die Johannisbeeren von den Stielen. Waschen Sie die Johannisbeeren mit den anderen Beeren, und lassen Sie alles gut abtropfen.

Geben Sie die Beeren in eine Schüssel, und rühren Sie den Vanillejoghurt und Stevia unter.

Himbeer-Vanilleeis

Zutaten:

250 ml Sahne (fettreduziert), 2 Becher Vanillejoghurt (zuckerfrei), 100 g tiefgefrorene Himbeeren, ½ TL Stevia flüssig

Zubereitung:

Schlagen Sie die Sahne steif und vermischen Sie die Hälfte davon mit dem Vanillejoghurt und ¼ TL Stevia. Stoßen Sie die gefrorenen Himbeeren in kleine Stücke und heben Sie diese unter die restliche Sahne, und schmecken Sie mit Stevia ab.

Füllen Sie die Himbeermischung in ein tiefkühlgeeignetes Gefäß, streichen Sie die Masse glatt und verteilen Sie die Vanillemischung darüber.

Lassen Sie das Eis mindestens 12 Stunden im Tiefkühlfach erkalten.

Tipp:
Zerbröseln Sie zuckerfreien Baiser mit einer Gabel und legen Sie den Boden des Eisgefäßes damit aus. Hierdurch schmeckt das Eis noch leckerer und außerdem lässt es sich viel leichter aus dem Gefäß lösen.

Erdmandelwaffeln

Zutaten:

100 g Vollkornmehl, 300 g Magerquark, 100 g Erdmandeln, 100 g Mandelmehl, 300 ml Milch (fettreduziert), 2 Eier, 3 EL Erdmandelöl, je 1 TL Steviapulver und Moringapulver

Etwas Butter zum Einfetten des Waffeleisens

Zubereitung:

Verrühren Sie den Quark mit den Eiern, der Milch und dem Öl. Geben Sie nach und nach unter stetigem Rühren die weiteren Zutaten hinzu.

Heizen Sie das Waffeleisen vor und fetten Sie es vor dem Abbacken jeder Waffel ausreichend ein. Pro Waffel geben Sie ca. 3 EL Teig auf das Waffeleisen und backen die Waffeln nacheinander goldbraun.

Heidelbeer-Muffins mit Vanillejoghurt

Zutaten:

250 g Vollkornmehl, 250 ml Vanillejoghurt (ohne Zucker), 200 g Heidelbeeren (frisch oder tiefgefroren), 60 ml Maiskeimöl, 2 EL Erdmandeln, 1 Ei, 1 Päckchen Backpulver, ½ TL Natron, ½ TL Stevia flüssig, etwas Butter zum Einfetten

Zubereitung:

Vermischen Sie das Mehl mit den Erdmandeln, dem Backpulver und Natron.

In einer separaten Schüssel verquirlen Sie das Ei und geben das Öl, den Joghurt und Stevia hinzu. Geben Sie die Mehlmischung hinzu und vermixen Sie alles zu einem Teig. Heben Sie die Heidelbeeren unter.

Füllen Sie den Muffinteig jeweils zu ¾ in die eingefetteten Vertiefungen Ihrer Muffin-Backform.

Backen Sie die Muffins im vorgeheizten Backofen ca. 20 Minuten bei 180 °C.

Gefrorene Heidelbeeren mit Banane

Zutaten für 2 Portionen:

2 reife Bananen, 50 g frische Heidelbeeren

Zubereitung:

Wickeln Sie die geschälten Bananen in Frischhaltefolie ein und legen Sie sie in den Gefrierschrank.

Am nächsten Tag teilen sie die Bananen in jeweils 4 Stücke und lassen diese bei Raumtemperatur 10 Minuten antauen.

Verrühren Sie die Bananen in einem Mixer, bis sie cremig sind. Geben Sie die Heidelbeeren hinzu und mixen Sie nochmal kurz auf.

Servieren Sie sofort.

Mandelwaffeln

Zutaten:

150 g Vollkornmehl, 50 g Mandelmehl, 50 g geriebene Mandeln, 50 ml Milch (fettreduziert), 100 ml Wasser ohne Kohlensäure, 2 TL Backpulver, 3 EL Maiskeimöl, 3 Eier, 1 TL Stevia flüssig, 1 TL Mandelmus

Etwas Maiskeimöl zum Einfetten des Waffeleisens

Zubereitung:

Vermischen Sie das Mehl mit dem Backpulver und den geriebenen Mandeln. Geben Sie nacheinander die Eier, das Maiskeimöl, Stevia und Mandelmus hinzu.

Heizen Sie das Waffeleisen vor. Fetten Sie es vor jedem Abbacken ausreichend ein.

Geben Sie ca. 3 EL Teig pro Waffel auf das Waffeleisen. Backen Sie die Waffeln nacheinander goldbraun.

Feigenkekse mit Haferflocken

Zutaten:

150 g Feigen, 50 g feine Haferflocken, 50 g Erdmandeln, 4 EL Kokosraspeln, 2 TL Mandelmus, 20 g Butter

Zubereitung:

Schneiden Sie die Feigen in kleine Stücke und vermengen Sie diese gründlich mit den weiteren Zutaten.

Formen Sie mit einem Teelöffel kleine Teighäufchen und platzieren Sie diese auf einem mit Backpapier ausgelegten Backblech.

Backen Sie die Kekse ca. 15 Minuten bei 180 °C.

Mandel-Zimtmuffins

Zutaten:

200 g Vollkornmehl, 150 g gemahlene Mandeln, 3 TL Zimt, 150 g Magerquark, 100 ml Wasser, 4 EL Maiskeimöl, 1 TL Steviapulver (weiß), 3 TL Backpulver, 50 g Speisestärke, ½ TL Natron, 1 Ei, 3 EL gehackte Mandeln, etwas Butter

Zubereitung:

Verrühren Sie das Mehl mit den Mandeln, dem Backpulver, Stevia, Natron und Zimt.

In einer separaten Schüssel vermengen Sie das Ei mit dem Quark, Wasser und Öl. Rühren Sie die Mehlmischung unter und rühren Sie so lange, bis ein sämiger Teig entstanden ist.

Füllen Sie den Teig in eine mit Butter eingefettete Muffinform. Streuen Sie die gehackten Mandeln darüber.

Backen Sie die Muffins ca. 20 Minuten im vorgeheizten Backofen bei 180 °C.

Ingwerkekse

Zutaten:

1 Stück Ingwer (Daumengröße), 250 g Vollkornmehl, 100 ml Milch (fettreduziert), 2 TL Backpulver, 1 TL Steviapulver (weiß), 2 Eier, 3 EL Maiskeimöl

Zubereitung:

Vermengen Sie das Mehl mit dem Backpulver und Steviapulver.

Geben Sie den geraspelten Ingwer in eine separate Schüssel und verquirlen Sie dies mit den restlichen Zutaten. Sieben Sie die Mehlmischung hinzu und rühren Sie so lange, bis ein Knetteig entstanden ist. Wenn der Teig noch nicht fest genug ist, geben Sie weiteres Mehl hinzu.

Formen Sie Teigrollen mit einem Durchmesser von ca. 3 cm und lassen Sie diese im Kühlschrank eine Stunde lang ziehen.

Von dem abgekühlten Teig schneiden Sie 0,50 cm dicke Scheiben ab. Legen Sie diese auf ein mit Backpapier ausgelegtes Backblech.

Backen Sie die Kekse ca. 10 Minuten im vorgeheizten Backofen bei 160 °C.

Alkoholfreier Eierlikör

Zutaten:

350 ml Milch (fettreduziert), 4 Eier, ½ TL Stevia flüssig, Mark von 1 Vanilleschote

Zubereitung:

Geben Sie alle Zutaten in einen Mixer und verrühren Sie so lange, bis die Konsistenz cremig ist.

Mandel-Baiser-Kekse

Zutaten:

4 Eiweiß, 1 TL Mandelmus, 50 g fein gehackte Mandeln, 3 EL fettreduzierte Milch, Mark von einer Vanilleschote, ½ TL Stevia flüssig, 1 Prise Salz, etwas Zimt

Zubereitung:

Schlagen Sie das Eiweiß mit einer Prise Salz steif und rühren Sie dann die Milch unter. Geben Sie die restlichen Zutaten (bis auf Zimt) hinzu.

Verteilen Sie den Teig mit einem Teelöffel portionsweise auf ein mit Backpapier ausgelegtes Backblech. Backen Sie die Kekse bei 150 °C ca. 25 Minuten.

Bestäuben Sie die fertigen Kekse mit dem Zimt.

Dattelkekse

Zutaten:

250 g Paniermehl (Vollkorn), 60 g entkernte Datteln, 2 Eier, 30 g Vollkornmehl, 50 g gemahlene Nüsse, ½ TL Stevia flüssig, 1 ½ TL Backpulver

Zubereitung:

Verrühren Sie die Eier mit dem Stevia und Backpulver. Heben Sie die fein gehackten Datteln, Nüsse, das Mehl und Paniermehl unter. Lassen Sie den Teig im Kühlschrank ca. 30 Minuten lang abkühlen.

Mit einem Teelöffel verteilen Sie Teighäufchen auf einem mit Backpapier ausgelegten Backblech.

Backen Sie die Kekse 15 Minuten im vorgeheizten Backofen bei 170 °C.

Studentenfutter-Kekse

Zutaten:

120 g fein gehackte Nüsse und 150 g Rosinen (oder 270 g Studentenfutter), 180 g entkernte Datteln, 120 g Vollkornmehl, 70 g feine Haferflocken, 100 g Butter, 2 Eier, 1 TL Backpulver, 250 ml Wasser, 2 Äpfel, Mark von 1 Vanilleschote, ½ TL Zimt

Zubereitung:

Kochen Sie die Datteln, Rosinen und die in Würfel geschnittenen Äpfel in dem erhitzten Wasser auf. Lassen Sie dann 3 Minuten lang köcheln.

Geben Sie die Butter hinzu, rühren Sie diese um und nehmen Sie den Topf von der Herdplatte.

Nach dem Abkühlen rühren Sie die Eier unter und danach die trockenen Zutaten. Anschließend geben Sie die Nüsse und das Vanille-Mark hinzu. Rühren Sie alles gründlich um.

In einer abgedeckten Schüssel lassen Sie den Teig über Nacht im Kühlschrank ziehen.

Verteilen Sie den Teig portionsweise mit einem Teelöffel auf einem mit Backpapier ausgelegten Backblech.

Backen Sie die Kekse ca. 20 Minuten bei 180 °C im vorgeheizten Backofen.

Rosinen-Dattelkekse

Zutaten:

200 g Rosinen, 40 g entkernte Datteln, 2 Eier, 250 ml Wasser, 120 g Vollkornmehl, 100 g Butter, 2 TL Stevia, 1TL Backpulver, Mark von 1 Vanilleschote

Zubereitung:

Kochen Sie die Rosinen und Datteln in dem erhitzten Wasser auf und lassen Sie 3 Minuten lang köcheln. Rühren Sie die Butter unter.

Nach dem Abkühlen sieben Sie das mit Backpulver gemischte Mehl ein und geben nach und nach die restlichen Zutaten hinzu.

Rühren Sie alles gründlich um und verteilen Sie den Teig portionsweise mit einem Teelöffel auf einem mit Backpapier ausgelegten Backblech.

Backen Sie die Kekse ca. 12 Minuten bei 180 °C im vorgeheizten Backofen.

Zuckerfreier Dattel-Pflaumenkuchen

Zutaten:

120 g Vollkornmehl, 180 g entkernte Datteln, 150 g Pflaumen, 200 g Rosinen, 2 Eier, 250 ml Wasser, 100 g fettreduzierte Butter, 120 g gehackte Walnüsse, 1 TL Backpulver, Mark von 1 Vanilleschote, je ¼ TL Zimt und Muskatnuss, etwas Salz

Zubereitung:

Kochen Sie die entkernten Datteln und Pflaumen in dem erhitzten Wasser kurz auf. Nach 3 Minuten geben Sie die Butter und Rosinen hinzu und lassen alles abkühlen.

Verrühren Sie in einer separaten Schüssel die restlichen Zutaten und geben Sie dann die Früchte hinzu.

Gießen Sie den Teig in eine eingefettete Kuchenform. Backen Sie den Kuchen ca. 30 Minuten bei 180 °C im vorgeheizten Backofen.

Rhabarber-Muffins

Zutaten:

200 g Rhabarber, 230 g Vollkornmehl, 60 ml Maiskeimöl, 300 ml Milch (fettreduziert), 2 Eier, 3 TL Backpulver, 1 TL Natron, 1 TL Stevia flüssig

Zubereitung:

Vermischen Sie das Mehl mit dem Backpulver und Natron.

Verquirlen Sie die Eier in einer separaten Schüssel und geben 50 ml Maiskeimöl, die Milch und Stevia hinzu. Rühren Sie das Mehl unter.

Schneiden Sie den gesäuberten Rhabarber in kleine Stücke und mischen Sie diese unter den Teig.

Füllen Sie den Teig jeweils zu ¾ in die mit dem restlichen Maiskeimöl eingefetteten Vertiefungen der Muffin-Backform.

Backen Sie die Muffins im vorgeheizten Backofen ca. 20 Minuten bei 180 °C.

Vanillequark mit Müsli

Zutaten für 2 Portionen:

250 g Magerquark, 1 Vanilleschote, 50 ml Milch (fettreduziert), 1 reife Banane, 1 EL fein gehackte Pinienkerne, 1 EL grobe Haferflocken, 3 EL Buchweizenpops, 1 EL Rosinen, ½ TL Moringapulver, ½ TL Steviapulver

Zubereitung:

Halbieren Sie die geschälte Banane der Länge nach und schneiden Sie dünne Scheiben.

Schaben Sie das Mark aus der Vanilleschote und geben Sie dies zusammen mit den Bananenscheiben und weiteren Zutaten in eine Schüssel. Verrühren Sie alles gründlich.

Vanillepudding mit Quark

Zutaten:

6 Eigelb, 60 g Vollkornmehl, 400 ml Milch, 100 g Magerquark, ¼ TL Stevia-pulver (weiß), Mark von einer Vanilleschote

Zubereitung:

Schlagen Sie das Eigelb mit dem Stevia schaumig. Während des Rührens sieben Sie das Mehl ein.

Gießen Sie alles in einen Topf und erhitzen Sie auf niedriger Stufe. Geben Sie nach und nach die Milch und das Vanillemark hinzu.

Rühren Sie stetig um, bis nach ca. 15 Minuten eine Pudding-Konsistenz erreicht ist. Lassen Sie den Pudding erkalten und rühren Sie anschließend den Magerquark unter.

Verteilen Sie den Pudding auf 3 Dessertschälchen.

Schokoladen-Cookies

Zutaten:

50 g fettreduzierte Butter, ½ TL Steviapulver, 1 TL Backpulver, 1 Ei, 1 Vanilleschote, 80 g Vollkornmehl, 1 Prise Salz, 50 ml Wasser, 60 g zuckerfreie Schokolade

Zubereitung:

Vermengen Sie die Butter mit Stevia, dem geschlagenen Ei, Wasser und dem ausgeschabten Mark der Vanilleschote. Verrühren Sie in einer separaten Schüssel das Mehl mit dem Backpulver und Salz.

Sieben Sie die trockenen Zutaten in die cremige Teigmasse und verrühren Sie alles gründlich. Rühren Sie die geraspelte Schokolade unter.

Legen Sie den Teig portionsweise mithilfe eines Teelöffels auf ein mit Backpapier ausgelegtes Backblech.

Backen Sie die Kekse im vorgeheizten Backofen bei 180 °C ca. 10 Minuten.

Kokosbälle

Zutaten:

100 g Kokosflocken, 180 g entkernte Datteln, 100 g geröstete Cashewnüsse, ¼ TL Zimt, 3 EL Erdmandeln in warmem Wasser angerührt, 50 ml Wasser

Zubereitung:

Stellen Sie 3 EL Kokosflocken zur Seite, und geben Sie den Rest zusammen mit den weiteren Zutaten in einen Mixer.

Pürieren Sie diese so lange, bis eine dickflüssige cremige Konsistenz erreicht ist.

Formen Sie aus dem Teig Kugeln, rollen Sie diese durch die auf einem Teller ausgebreiteten Kokosflocken. Lassen Sie die Kokosbälle im Kühlschrank ziehen.

Walnuss-Brot mit Kartoffeln

Zutaten:

100 g gehackte Walnüsse, 275 ml Milch (fettreduziert), 2 Kartoffeln (mehlig kochend), 150 g Vollkornmehl, 150 g Weizenmehl, 1 Eigelb, ½ Päckchen Trockenhefe, 50 g Magerquark, 1 EL Olivenöl, 1 TL Stevia, 1 TL Salz, etwas Butter

Zubereitung:

Vermischen Sie das Mehl mit der Hefe und lauwarmer Milch.

Kochen Sie die ungeschälten Kartoffeln gar. Schrecken Sie die abgeschütteten Kartoffeln ab und ziehen Sie die Pelle ab.

Zerkleinern Sie die Kartoffeln mit einem Pürierstab und geben Sie sie zusammen mit dem Quark, Öl, Salz und Stevia zu dem Mehl. Verrühren Sie alles gründlich und heben Sie die Walnüsse unter. Wenn der Teig noch klebt, geben Sie weiteres Mehl hinzu.

Füllen Sie den Teig in eine mit Butter eingefettete Kastenform, decken Sie diese ab und lassen Sie den Teig 2 Stunden ziehen.

Bestreichen Sie das Brot mit dem verquirlten Eigelb.

Backen Sie das Brot ca. 45 Minuten im vorgeheizten Backofen bei 190 °C.

Buttermilch-Brot

Zutaten:

400 ml Buttermilch, 100 ml Wasser, 500 g Vollkornmehl, 80 g feine Haferflocken, 1 EL Obstessig, 20 g Butter, ½ TL Salz, 2 TL Backpulver

Zubereitung:

Geben Sie die trockenen Zutaten in eine Schüssel und verrühren Sie diese gründlich. Rühren Sie die Butter unter, danach gießen Sie die Buttermilch, den Obstessig und das Wasser hinzu. Vermengen Sie alles mit der niedrigsten Mixerstufe, anschließend steigern Sie.

Formen Sie den fertigen Teig zu einem länglichen Brot und legen Sie dies auf ein mit Backpapier ausgelegtes Backblech. Ritzen Sie mit einem Messer drei Querstreifen auf dem Brot ein.

Backen Sie das Brot im vorgeheizten Backofen ca. 35 Minuten bei 180 °C.

Grobgemischtes Mandelbrot

Zutaten:

250 g Vollkornmehl, 250 g Weizenmehl, 150 g gemahlene Mandeln, 50 g fein gehackte Mandeln, 2 EL Erdmandeln, 2 EL grobe Haferflocken, 400 ml Wasser, 100 ml Milch (fettreduziert), 4 EL Sahne (fettreduziert), 2 Eier, 1 Päckchen Backpulver, 1 TL Steviapulver, etwas Butter zum Einfetten

Zubereitung:

Mischen Sie das Mehl mit den Mandeln, Erdmandeln, Haferflocken, Steviapulver und Backpulver. Geben Sie die restlichen Zutaten (außer Butter) unter stetigem Rühren hinzu.

Füllen Sie den Teig in eine mit Butter eingefettete Kastenform. Backen Sie das Brot ca. 60 Minuten im vorgeheizten Backofen bei 180 °C.

Haferflockenbrot mit Möhren

Zutaten:

je 200 g Weizenmehl und 200 g Vollkornmehl, 4 Möhren, 150 g grobe Haferflocken, 2 Päckchen trockene Hefe, je 2 EL gemahlene Mandeln und Erdmandeln, 350 ml lauwarmes Wasser, 1 EL Olivenöl

Zubereitung:

Raspeln Sie die geputzten Möhren und dünsten Sie diese in einem mit Olivenöl erhitzten Topf kurz an.

Mixen Sie das Mehl mit den Haferflocken, Mandeln, Erdmandeln und der Hefe. Gießen Sie unter stetigem Rühren das Wasser unter. Heben Sie die abgekühlten Möhrenraspeln unter und lassen Sie den Teig in einer abgedeckten Schüssel ca. 2 Stunden an einem warmen Ort aufgehen.

Füllen Sie den Teig in eine mit Backpapier ausgelegte Kastenform und lassen Sie ihn nochmals kurz ziehen. Backen Sie das Brot ca. 50 Minuten bei 170 °C im vorgeheizten Backofen.

Das Brot ist besser verträglich, wenn es bis zum Verzehr 2 Tage ruht.

Mandelbrot

Zutaten:

500 g Vollkornmehl, 100 g Mandelmehl, ca. 500 ml Wasser, 150 g gemahlene Mandeln, 2 Eier, 50 g feine Haferflocken, 1 Tüte Backpulver, 1 TL Mandelmus

Zubereitung:

Vermischen Sie das Mehl mit dem Backpulver, den Haferflocken und den gemahlenen Mandeln. Geben Sie dann die Eier und langsam das Wasser unter stetigem Rühren hinzu.

Füllen Sie den Teig in eine eingefettete Kastenform und backen Sie das Brot im vorgeheizten Backofen bei 170 °C ca. 60 Minuten.

Quarkbrot

Zutaten:

500 g Vollkornmehl, 500 g Magerquark, 3 Eier, 100 ml Wasser, 2 Päckchen Backpulver, 1 TL Salz

Zubereitung:

Vermengen Sie das Mehl mit dem Backpulver. Geben Sie die restlichen Zutaten hinzu und vermischen Sie alles zu einem Teig.

Geben Sie den Teig in eine eingefettete Kastenform. Ritzen Sie die Oberfläche mit einem Messer mehrmals quer ein.

Backen Sie das Brot im vorgeheizten Backofen ca. 75 Minuten bei 180 °C. Lassen Sie das Brot zum Auskühlen in der Backform.

Süßes Vanillebrot

Zutaten:

je 250 g Vollkornmehl und Weizenmehl, 120 g Magerquark, 100 ml Milch (fettreduziert), 2 Eier, 2 EL Erdmandeln, 2 EL Erdmandelöl, ausgeschabtes Mark von 2 Vanilleschoten, 1 TL Steviapulver, 1 Päckchen Backpulver

Zubereitung:

Vermengen Sie das Mehl mit den Erdmandeln, Backpulver und dem Steviapulver.

Geben Sie die restlichen Zutaten in eine separate Schüssel, verquirlen Sie alles und sieben Sie unter stetigem Rühren die Mehlmischung unter.

Füllen Sie den Teig in eine Kastenform und backen Sie das Brot ca. 45 Minuten im vorgeheizten Backofen bei 190 °C.

Rezeptregister

Frühstück

Brotaufstriche

Smoothies

Fruchtige Smoothies

Grüne und pikante Smoothies

Zwischenmahlzeiten von süß bis herzhaft

Suppen

Gemüsevariationen

Hauptgerichte

Beilagen

Salate

Nachspeisen und andere süße Leckereien

Nachspeisen und andere süße Leckereien

Brote

Hinweise für den Leser

Bildnachweise

Seite 4 © JackF / fotolia.com
Seite 9 © JackF / fotolia.com
Seite 16 © Unclesam / fotolia.com
Seite 17 © mariontxa / fotolia.com
Seite 18 © Zerbor / fotolia.com
Seite 19 © hjschneider / fotolia.com
Seite 20 © segovax / pixelio.de
Seite 21 © Rainer Sturm / pixelio.de
Seite 22 © Marek / fotolia.com
Seite 23 © knipseline / pixelio.de
Seite 24 © tab62/ fotolia.com
Seite 25 © Joana Kruse / fotolia.com
Seite 26 © Lucia Weide / pixelio.de
Seite 27 © tashka2000/ fotolia.com
Seite 28 © womue / fotolia.com
Seite 29 © SuperSenior Marketing Ltd.
Seite 30 © monamakela.com / fotolia.com
Seite 32 © Günther Gumhold / pixelio.de
Seite 33 © boule1301 / fotolia.com
Seite 34 © Peter Smola / pixelio.de
Seite 34 © Johanna Mühlbauer / fotolia.com
Seite 35 © Lilo Kapp / pixelio.de
Seite 37 © Jana Behr / fotolia.com
Seite 40 © THesIMPLIFY / fotolia.com
Seite 45 © Africa Studio / fotolia.com
Seite 47 © kab vision / fotolia.com
Seite 48 © Brian Jackson / fotolia.com
Seite 51 © akulamatiau / fotolia.com
Seite 53 © M.studio / fotolia.com
Seite 55 © Viktorija / fotolia.com
Seite 57 © Daniel Rennen / pixelio.de
Seite 58 © Inga Nielsen / fotolia.com
Seite 61 © derkien / fotolia.com
Seite 63 © Kesu / fotolia.com
Seite 64 © Jörg Beuge / fotolia.com
Seite 66 © Amir Kaljikovic / fotolia.com
Seite 68 © Doris Heinrichs / fotolia.com
Seite 73 © TwilightArtPictures / fotolia.com
Seite 74 © Angelina Ströbel / pixelio.de
Seite 75 © Tom Klimmeck / fotolia.com
Seite 76 © BeTa-Artworks / fotolia.com
Seite 78 © Doris Heinrichs / fotolia.com
Seite 80 © G. Zerbes / fotolia.com
Seite 81 © Darius Dzinnik / fotolia.com
Seite 83 © Gennadiy Poznyakov / fotolia.com
Seite 85 © Ildi / fotolia.com
Seite 88 © StefanieB. / fotolia.com

Seite 90 © Firma V / fotolia.com
Seite 92 © rainbow33 / fotolia.com
Seite 95 © Igor Mojzes / fotolia.com
Seite 99 © frinz / fotolia.com
Seite 101 © Christian Jung / fotolia.com
Seite 103 © by-studio / fotolia.com
Seite 107 © Alain Wacquier/ fotolia.com
Seite 110 © sil007 / fotolia.com
Seite 111 © photocrew / fotolia.com
Seite 113 © Michael Franke / pixelio.de
Seite 118 © Gina Sanders / fotolia.com
Seite 124 © iampuay / fotolia.com
Seite 132 © Simone van den Berg / fotolia.com
Seite 138 © Tim Reckmann / pixelio.de
Seite 140 © sarsmis / fotolia.com
Seite 143 © ExQuisine / fotolia.com